LE
TOUR DE LA VALLÉE

FONTAINEBLEAU. — IMPRIMERIE ERNEST BOURGES.

LEFEUVE

LE TOUR
DE LA
VALLÉE

TOME PREMIER

HISTOIRE ET DESCRIPTION DE MONTMORENCY
DEUIL, ÉPINAY-SUR-SEINE, MONTMAGNY, GROSLAY, SAINT-BRICE, PISCOP
DOMONT, BOUFFÉMONT ET CHAUVRY

MONTMORENCY
—
1867

MONTMORENCY

LE TOUR DE LA VALLÉE

DE PARIS A MONTMORENCY

Adieu pour plus d'un jour, Pyrénées, Alpes, déjà vues et revues ! Entre Paris et vous, j'ai pour terme moyen le plus gracieux vallon du monde, avec des chalets helvétiques, des gondoles comme à Venise, des salons spirituels qui sont parisiens avec délices, et puis des sérénades à l'espagnole. Celles-ci n'ont de changé, en France, que le côté du balcon d'où elles partent : données à l'intérieur, elles arrêtent chaque soir le passant, dans la rue ou sur la grande route, d'un bout de la Vallée à l'autre ; c'est la fenêtre à son tour qui chante, au lieu de s'ouvrir aux écoutes. En deçà des Pyrénées, l'amour qui escalade a la prudence du silence ; il ne lui faut ni tambour ni trompette pour tendre l'échelle de soie nocturne. Montmorency et sa Vallée sont assez riches, même en cela, pour ne rien envier aux vieilles traditions castillanes.

Car les poëtes ont trop souvent fait croire que pour aimer il faut absolument n'avoir ni sou ni maille. Est aimé qui peut, aime qui veut. Si l'opulence empêchait le cœur de battre, la pauvreté ferait à son tour des charités, surtout à la campagne.— Jardinier, quel est ce monsieur qui passe et repasse devant la grille, sans oser se faire annoncer? — Madame, c'est un riche honteux : faut-il lui ouvrir pour l'amour de Dieu ?

S'il y a peu d'amours qui sachent résister à un trop long voyage de noces, il y en a moins encore, dit-on, qui puissent se passer absolument de changement de lieu. La villégiature en Seine-et-Oise est le juste milieu que nous recommandons aux lunes de miel ; de célèbres amants, les deux pigeons de la Fontaine, n'ont connu d'abord le bonheur que grâce à la villégiature.

> Amants, qui voulez voyager,
> Que ce soit aux rives prochaines.

Aussi bien la montagne et la Vallée dites de Montmorency sont une ravissante Chaussée-d'Antin de chaque été ; elles ont conservé, c'est miracle, l'exquise tradition de l'hospitalité. Leurs plus grandes villas sont des châteaux plutôt que des cottages, sans pont-levis qui se dresse sur la porte ; et outre les amis qu'y appellent sans relâche les châtelains, en les recrutant avec choix dans Paris, le voisinage donne dans ces campagnes un droit de visite, réciproque et d'usage, qui est un trait précieux des mœurs locales. Les maisons d'une moindre importance se louent souvent à l'année toutes meublées, et leurs locataires, visites faites, sont bientôt regardés comme s'ils devaient prendre racine dans le sol, nouveaux Philémon et Baucis. Enfin Montmorency et Enghien ont sur les autres communes de ce canton béni l'avantage de pouvoir mettre à la disposition des passagers qui se convient eux-mêmes à une fête, qu'ils prolongeront ou qu'ils réduiront à leur gré : pensions bourgeoises, hôtels, pavillons, logements, chambres, qu'on prend à la saison, au mois, au jour, et dans lesquels encore chacun trouve à qui parler, selon ses goûts, son mérite, son esprit, son éducation, sa fortune. Dans les auberges même on fait salon, en quelque sorte, tant devient contagieuse, fort heureusement, la sociabilité ! Le paysan de l'endroit est jardinier ; il se montre poli et prévenant pour tout citadin à première vue, et encore plus poli si, connaissant son homme, le bourgeois en arrive aux familiarités.

Arrière, pour plus d'un jour, tout ce que j'ai vu, fait ou dit, et surtout ce que j'ai aimé, depuis Eaubonne, où j'avais deux grands oncles, sans compter celui de Sannois, ni les cousins ! Les pommiers en fleurs de la route sont déjà blancs et roses, comme les idées que j'avais, aux vacances, en m'asseyant au revers du chemin, sous leurs grosses grappes de pommes encore trop vertes. Les bois, dont les jeunes pousses exhalent un parfum enivrant, sentent aussi la solitude dans laquelle j'ai écrit mes premiers vers aux étoiles entrevues. L'aubépine, ce lilas des haies, semble me jouer un prélude en sourdine, et elle m'attire en répétant de loin, pour mes oreilles, l'ouverture du printemps, grand opéra annuel ; les ténors emplumés s'habillent dans la coulisse des arbres renouvelés, dont les échos me rappellent d'autres voix. Adieu donc, grande ville, et adieu, vous aussi, voyages de longue haleine, qui forcez à quitter d'abord ce qu'on aimait, ensuite ce qu'on aimera en route, sans laisser pour le cœur d'arrière-goût durable à savourer !

Londres, Bruxelles, La Haye, Boulogne, Lille et Amiens, ce sont déjà des voyages de géant, pour qui n'est ni artiste en représentation, ni diplomate, ni commis voyageur. Ce chemin de fer du Nord, aux actions qui circulent comme un papier-monnaie, et à façade monumentale ; ces grandioses galeries, ces salles d'attente, aussi faciles à la ventilation qu'au chauffage, et ces omnibus, sillonnant tout Paris pour mettre le moindre train en communication immédiate avec tous les quartiers ; je les salue de mon admiration. La vapeur et la voie de fer, outre leurs courtisans sans cesse renaissants à la Bourse, auront bientôt leurs poètes, n'en doutez pas ; car elles ont déjà leur poésie. Selon nous, le vers est le rail de l'idée, et autant il l'emporte sur la prose que le train de Montmorency sur la file des coucous qu'on prenait autrefois à la porte Saint-Denis. Grâce aux licences que la rime autorise, il a toujours tenu plus d'idées en quatre vers, pourvu qu'ils fussent bien faits, que dans trois fois autant de lettres en prose. Le chemin de fer du Nord a l'utilité principale de relier Paris à dix autres capitales, par des relations incessantes. Ce que sachant, je suis vraiment honteux d'avoir à peine mes quatre lieues à faire pour atteindre les hauteurs de la petite ville, ma capitale à moi, par le droit de conquête du présent livre. Anglais, Russes et Allemands, qu'il me faut coudoyer dans cet embarcadère cosmopolite, vont reconnaître tout de suite ma nationalité et le quartier de Paris que j'habite, si ma demande, au guichet où se délivrent les billets, est pour eux un aveu que je vais tout bonnement prendre mes quartiers d'été dans une vallée à quelques lieues de Paris. Leur Enghien, à eux tous, c'est Baden, c'est Bagnères, et leur Montmorency, c'est Pau, Interlaken ou Nice. Le jour où ils sauront comme nous, ces étrangers, tout ce qu'il y a dans notre riche Vallée de points de vue magnifiques, de cottages élégants, de végétation luxuriante, de sources d'eau curative, d'air suave et pur, de fruits incomparables, de confort et d'aisance, de bons rapports et d'affabilité, de quiétude inexpugnable, de ressources agréables, de fêtes sans fin, et de souvenirs historiques, planant si bien sur tout cela, et de précédents littéraires, localisés comme le paysage ; lorsque l'Europe entière en sera avertie, le prix des logements triplera infailliblement depuis la Barre jusqu'à Frépillon. Seulement détrompez-vous, si vous considérez l'Éden compris entre ces deux villages comme une partie de la banlieue de Paris. Banlieue, le vilain mot ! A la bonne heure, dites la Suisse de Paris, le verger parisien, le bocage distant de quatre lieues ! Quel est donc le bélître ou le calomniateur qui, le premier, a osé appliquer le stigmate de banlieue à la ville des Montmorencys et à la succursale de Bagnères ? Versailles et son palais seraient le pendant de Pantin, s'il fallait croire ce cuistre de faubourg ! Mais il a choppé lourdement. « Banlieue, nous dit l'Académie, c'est une certaine étendue de pays qui est autour d'une ville et qui en dépend. » Définition qui dégage entièrement notre Vallée des liens de cette espèce. En quoi le département de la Seine dépendrait-il de celui de Seine-et-Oise ? Avant tout, s'il se peut, gardons-nous des fautes de français !

Mais l'aiguille des minutes est sur quatre heures vingt-cinq minutes ; les trois coups sont sonnés. Le signal du départ est donné par un coup de sifflet, long et plaintif, qui me paraît avoir un double sens. Connaîtriez-vous donc un seul voyage qui fit quitter Paris à un Parisien sans plainte cachée, sans larme dévorée, sans soupir étouffé ? La locomotive, qui hennit, souffle par ses naseaux une épaisse fumée qui la coiffe d'un panache immense. On part, on a quitté la gare, et un autre convoi attend ses voyageurs, qui dans une heure s'éloigneront à leur tour.

Montmartre est d'un côté du chemin de fer, et La Chapelle-Saint-Denis de l'autre. A être ainsi vu par derrière, Montmartre gagne : la verdure sied bien mieux à ses moulins, pour piédestal, que l'échelle de maisons grisâtres qui couvre la montagne du côté de Paris. La Chapelle-

Saint-Denis, qui s'étend fort avant sur la route ordinaire de Saint-Denis, livre passage aux omnibus qui desservent encore, malgré les chemins de fer, ce chef-lieu de sous-préfecture. Depuis que La Chapelle fait partie de Paris, on y bâtit moins qu'en dehors de la nouvelle enceinte urbaine.

Le train croise, tout près des fortifications, les rails du chemin de fer de ceinture, qu'il eût peut-être mieux valu établir dans le département de Seine-et-Oise, véritable ceinture du département de la Seine, et qui alors eût relié Écouen à Montmorency, Montmorency à Argenteuil, Argenteuil à Saint-Germain, Saint-Germain à Versailles.

Une fois bien sorti des fortifications, le train court en rase campagne ; il est au centre de la plaine Saint-Denis, que des constructions bordent déjà sans solution de continuité sur la grande route. C'est le champ de bataille où catholiques et huguenots se rencontrèrent le 10 novembre 1567, et cette journée fut victorieuse pour le connétable Anne de Montmorency, qui pourtant y perdit la vie. La guerre a encore engraissé les sillons de cette plaine, lors de l'invasion des alliés, le règne finissant de Napoléon Ier. Riche terroir à coup sûr, quand il n'y avait que des champs ! Mais aujourd'hui des chemins de fer, des usines, des entrepôts ont pris part au gâteau, et tout n'y est pas miel. Arômes fort peu agréables que ceux dus par la plaine Saint-Denis à la manipulation du suif et à la conserve du fumier, sans compter les dépôts voisins en fermentation ! Néanmoins les plus petits chasseurs viennent encore y apprendre en hiver, au dam des moineaux francs, à tirer des faisans dorés en d'autres parages ! Quelques-uns de ces veneurs inexpérimentés s'habillent tout exprès, avec de longues guêtres, avec des têtes de chien sur les boutons de leur veste de chasse ; seulement il leur faudra faire l'emplette, dans le faubourg, d'une brochette de mauviettes, pour justifier au retour leur équipage que les voisins envient. D'autres ont acheté, au lieu de chien de chasse, un caniche bâtard qu'ils lancent sur une volée de perdrix imaginaires, et l'animal rapporte dans sa gueule une sébile d'aveugle, qui fait beaucoup mieux son affaire, et qu'il a retrouvée dans un fossé de la grande route. D'autres enfin, les plus prudents, n'oseront charger leur arme, crainte d'accident, que lorsqu'ils auront levé le lièvre. N'en soyez que plus fiers, ô ridicules chasseurs de la plaine Saint-Denis, d'avoir eu souvent pour complice le plus célèbre, sans contredit, de tous les fils de portiers parisiens : Henry Murger !

A gauche est le canal Saint-Ouen, qui eut au mois de janvier sa clientèle de patineurs et de coureurs en traineau. Mais si l'onde est perfide, que dire de la glace ? Elle craquait un jour, en plein canal Saint-Ouen, sous les pieds d'un élève de huitième ou de septième, qui pensa se noyer, beaucoup avant d'écrire le présent livre !

Du canal, passons au village, dans lequel, au VIIe siècle, mourut Ouen, évêque de Rouen. Un de nos devanciers, Eugène Guinot (1), en parlant de ce joli village (dont l'île est si connue des canotiers, et dont le parc, aux frais ombrages, ouvre sur la route extrêmement ancienne de la Révolte, qui va de la porte Maillot à Saint-Denis) s'exprime comme il suit : « Charles de Valois, frère de Philippe le Bel, eut à Saint-Ouen une maison qui entra dans le domaine de la couronne de France, que le roi Jean nomma la *Noble Maison*, et où il institua un ordre de chevalerie qui devint célèbre par la sagesse de sa règle, la magnificence de son costume et l'illustration des personnages

---

(1 *Enghien et la Vallée de Montmorency*, brochure in-32.

qui en firent partie. Dans le siècle dernier, on remarquait à Saint-Ouen le château du prince de Rohan, qui devint plus tard la propriété du ministre Necker ; celui du duc de Nivernois, si renommé par la grâce de son esprit ; et le château seigneurial où se donnaient de brillantes fêtes, célèbres dans les mémoires contemporains. — Madame de Pompadour acheta la terre de Saint-Ouen au duc de Guise. — En 1814, le nom de Saint-Ouen devint historique, lorsque Lous XVIII, revenant de l'exil, s'arrêta, le 2 mai, au château seigneurial, et que le sénat lui présenta la charte constitutionnelle. Deux années après, le château de Saint-Ouen fut démoli et reconstruit bientôt avec une grande magnificence. Le domaine restauré eut pour propriétaire madame la comtesse du Cayla, qui, toute dévouée à la Restauration, donnait une fête au château tous les ans, le 2 mai, pour célébrer l'anniversaire du jour où Louis XVIII y était entré. Ce jour-là, les portes du château s'ouvraient à une foule immense, et madame du Cayla disait ces paroles consignées dans les chroniques d'il y a vingt-cinq ans : — Saint-Ouen, le 2 mai, appartient à toute la France ; et ce jour-là je n'en suis pas le propriétaire, je n'en suis que le concierge. »

Saint-Denis est la première station du chemin de fer du Nord ; mais il s'en faut que tous les trains y passent depuis que la grande voie quitte la plaine Saint-Denis pour marcher en droite ligne sur Creil, au lieu de s'y rendre par Pontoise. Les voyageurs pour Saint-Denis descendent vis-à-vis l'île de ce nom, qui est constituée en commune, mais qui, avant d'avoir un maire, se contentait des deux bras de la Seine qui la ceignent elle-même d'une écharpe. Le commerce en détail du vin et des fritures constitue l'industrie locale. Ces Porcherons de notre époque ne manquent, en été, ni de gaieté, ni de vivres, surtout le dimanche, et les grands bateaux à charbon, venus de la Flandre, qui jettent l'ancre sur la rive de l'île dyonisienne, y entretiennent l'animation en semaine. Les canotiers parisiens ont certainement été les Phocéens de ce petit Marseille, dénué de Canebière, dont la pêche se consomme sur place, presque dans les filets où elle frétille. L'île bachique a induit l'administration du chemin de fer en une dépense, faite de compte à demi avec Saint-Denis ; il a fallu ouvrir un corps de garde dominical, auprès de la station, pour contenir (ce mot à double sens est le mot propre) les buveurs turbulents du dimanche soir, et on leur a construit un petit fort crénelé, avec des briques, dans le style de plusieurs maisons de campagne d'Enghien et d'Eaubonne.

La ville de Saint-Denis est, pour ainsi parler, le vestibule de la Vallée, dont nous nous sommes chargé de faire les honneurs à notre ami lecteur. Le mouvement de bateaux du canal en vivifie l'entrée, du côté de Paris ; puis un grand nombre d'usines, de lavoirs pour la laine, d'entrepôts, de vins, etc., en font une place de commerce et de fabrication d'une certaine importance. La sous-préfecture de l'endroit vaut bien une préfecture de deuxième classe. Une caserne magnifique, et un corps d'officiers, aux habitudes invariables, donnent tout de suite à la cité, malgré le voisinage de Paris, tout l'air d'une garnison de province. Que dire du cours Ragot ? Les grisettes qu'on rencontre dans cette jolie promenade, civile et militaire, l'empêchent de ressembler à un boulevard comme il y en a tant dans la grande ville où, comme on sait, la grisette est un type perdu. Le théâtre n'est ouvert que par folles bouffées, comme dirait Figaro ; mais la salle était comble chaque fois que nous avons essayé de nous y frayer passage à travers un public dont les pommes crues sont la friandise favorite, et qui en prodigue les trognons d'une façon encore moins usitée à la cour. Comment n'aimerait-on pas le spectacle dans une ville qui a vu naître Samson, naguère le premier comédien du premier théâtre de France? Le genre de cet acteur de genre n'était pourtant pas facile à définir : il jouait avec le même talent les valets, les pères-nobles, les grands premiers-rôles et les rôles à manteaux. Ses comédies, ses vers sont remarquables en ce qu'ils se passent constamment d'inspiration, d'originalité. On en découvre bien plus dans les talmouses, dont Saint-Denis est aussi la patrie. La talmouse vaut son prix, prenez-y garde ; c'est un gâteau soufflé, il perfectionne l'échaudé, et il peut se manger sans crainte. Que de poèmes se digèrent plus mal !

Tout le monde va voir les tombeaux de nos rois à Saint-Denis, et c'est alors qu'on se demande quelle fut l'origine de la basilique? Les corps des trois martyrs Denis, Rustique et Eleuthère, décapités autrefois à Montmartre, furent recueillis par une dame gauloise, que saint Denis avait retirée des ténèbres du paganisme ; les trois cadavres reçurent la sépulture là où fut élevée plus tard la belle église, près de laquelle se groupa une ville. Le bon roi Dagobert, avant de porter sa couronne, ciselée par l'orfèvre saint Éloi, leva une arme étrange, le rasoir, sur le rigide précepteur que son père, Clotaire II, lui avait imposé. Le maître en étant quitte pour une blessure, le jeune prince n'eut plus qu'à redouter la colère paternelle, et il se réfugia dans la chapelle construite sur la tombe des trois martyrs, parce qu'elle était un lieu d'asile. Le roi Clotaire voulut méconnaître l'exception derrière laquelle se retranchait son fils ; mais ses gardes vainement tentèrent de franchir le seuil de la chapelle, une force miraculeuse attachait leurs pieds à la terre. Le jeune prince s'engagea à faire bâtir, par gratitude, sous l'invocation de saint Denis, la plus riche église du monde.

Le temple et le couvent furent fondés ainsi, par expiation, et bientôt les revenus, les priviléges du monastère prirent un développement non moins royal. Les évêques n'avaient pas le droit d'entrer avec leurs ornements épiscopaux dans l'enceinte de la cathédrale. Le grand Suger, abbé de Saint-Denis, avait six cents chevaux dans ses écuries. A l'abbaye appartenait, d'autorité, le matériel du sacre de chaque roi : couronne, main de justice, épée, collier, manteau, et puis le matériel des funérailles de ce même souverain, à sa mort. Nécropole royale, l'église de Dagobert fut moins heureuse pour le privilége du sacre qu'elle ne réussit pas à se faire attribuer. Toutefois le front de Pepin le Bref y a été oint de l'huile sainte : le pape Étienne II était venu exprès en France pour la cérémonie religieuse de ce couronnement, comme Pie VII y vint plus tard pour le sacre du premier Napoléon. Toutes les tombes augustes, dans leurs caveaux, tous les vases sacrés, trésor inappréciable par son immensité, et des reliques très-vénérables furent profanés à Saint-Denis dans les plus mauvais jours de la révolution française ; le chapitre fut mis en déroute, et les moines perdirent, à plus forte raison, leurs priviléges, leurs droits et leurs domaines. Aujourd'hui le chapitre, après une suppression totale, est rétabli ; une partie des saints ossements ont été réintégrés dans leur domaine ; des simulacres de tombes royales remplacent, dans les souterrains, celles que des mains fidèles n'ont pas réussi à soustraire au marteau révolutionnaire. Les souvenirs monacaux sont restés de l'histoire comme les chroniques de l'abbé Hilduin ; mais les souvenirs augustes, grâce à la table funéraire qui, à défaut de cendres, garde des noms, n'ont pas perdu leur majesté posthume. La flèche de l'église, qu'on a relevée une fois, n'est pas retombée sous la foudre populaire ; elle menaçait ruine, et la meilleure preuve qu'on a perdu le secret de bien des choses, c'est qu'à peine reconstruit, il a fallu démolir ce clocher pour en prévenir l'écroulement imminent. Les vitraux, les peintures du chœur, les chroniques de l'église en dix tableaux, le fauteuil du roi Dagobert, la façade même du monument, dont la base est carlovingienne, bien que saint Louis et Philippe-Auguste aient fait achever l'édifice, tout cela est demeuré digne de l'admiration et de l'étude du savant. Il y a quelques années j'assistais, le 5 mai, à un service en mémoire de l'empereur, dans l'ancienne église des rois. L'orgueil des vieilles dalles se réveillait, quelle que fut leur surprise. Au premier des Napoléons est due la fondation de l'institution impériale des demoiselles de la Légion d'honneur dans l'ancienne abbaye de Saint-Denis.

La locomotive quitte cette ville pour serpenter, suivie de sa chaîne de wagons, entre deux forteresses détachées, la double couronne du Nord et le fort de la Briche. L'ancien château de la Briche, qui appartenait à M. de Lalive, père de M. d'Épinay et de Mme d'Houdetot, se reconnaît ; ses dépendances ne sont pas toutes devenues des fossés, des glacis et une usine ; l'ancienne chapelle attient encore à un jardin, du côté de la Seine. Voici ce que Diderot a écrit sur ce petit château à Mlle Voland : « Je ne connaissais point cette maison ; elle est petite, mais tout ce qui l'environne, les eaux, le jardin, le parc, a l'air sauvage : c'est là qu'il faut habiter, et non dans ce triste et magnifique château de la Chevrette. Les pièces d'eau immenses, escarpées par les bords couverts de joncs, d'herbes marécageuses ; un vieux pont ruiné et couvert de mousse qui les traverse ; des bosquets où la serpe du jardinier n'a rien coupé, des arbres qui croissent comme il plaît à la nature, des arbres plantés sans symétrie, des fontaines qui sortent par les ouvertures qu'elles se sont pratiquées elles-mêmes, un espace qui n'est pas grand, mais où on ne se reconnaît point, voilà ce qui me plaît. J'ai vu le petit appartement que Grimm s'est choisi ; la vue rase les basses-cours, passe sur le potager, et va s'arrêter au loin sur un magnifique édifice. »

La Barre, c'est un peu plus loin, et du côté opposé à la Briche, que le voyageur l'aperçoit à vol d'oiseau, sans quitter le wagon. Il n'y a pas de station à la Barre. Aucune inscription n'indique donc ce hameau au passage. Il fait pourtant partie de la toute belle Vallée qui nous attend. La distribution du travail me force à vous offrir, mon cher lecteur, comme dessus du panier, la ville de Montmorency, qui donne son nom à cette jolie corbeille de villages s'ouvrant devant nous à la Barre. Les cerises du fond, quoique rubis plus mignons, n'en ont pas moins une friandise particulière à satisfaire. Un appétit frugal nous les fait dévorer des yeux l'une après l'autre, avant que nous osions y toucher !

Aussi bien le chemin du Nord longe de près la route ordinaire, sans le plus petit accident de terrain. Voici la diligence prudemment obstinée de Nicolas, qui conduit, comme jadis, ses voyageurs place Saint-Jacques, à Montmorency.

Les convois ne s'arrêtaient encore, en 1865, qu'à Épinay, Enghien, Ermont et Herblay, dans l'étendue du gracieux domaine que nous avons à explorer. Les omnibus de l'*Union des Postes* accomplissaient en un quart d'heure le trajet d'Enghien au point le plus fréquenté de Montmorency, c'est-à-dire la place du Marché. Mais le projet d'embranchement qui vient de se réaliser était déjà, en 1854, un avant-projet présenté officiellement par M. Andraud, qui en avait confié les études à M. Ponsin, ingénieur-architecte, auteur d'une bonne carte de la Vallée de Montmorency.

Il s'agissait encore moins de rapprocher Montmorency de Paris que de rendre beaucoup plus intimes les rapports entre Montmorency et Enghien. Ces deux localités qui ont longtemps porté le même nom, deviennent absolument sœurs, depuis qu'à toute minute l'une prête son soleil et l'ombre de ses bois superbes à l'autre, en échange de son lac, aux brises molles et caressantes, et aussi de ses eaux minérales, dont les habitants de la côte peuvent plus aisément que jamais faire usage. Sans de telles considérations, le point de jonction aurait été la station d'Épinay.

Le fer, toujours du fer ! Comment en reste-t-il encore pour livrer au loin des batailles ? Le progrès, c'est d'aller ; Dieu sait où nous allons ! Honneur, toutefois, aux gens d'esprit qui resteront assez de temps en place pour nous lire !

MONTMORENCY

Les sires de Montmorency. — Cette île Saint-Denis, que nous avons saluée en route, était le refuge, au xe siècle, de la famille considérable qui doit son nom à la capitale de notre Vallée. Les sires de Montmorency ont très-bien pu descendre, comme on l'a dit, de Lisoie, qui reçut le baptême avec Clovis, ou tout au moins de Lisbius, si ce n'est Lisbieus, converti à la foi chrétienne par saint Denis, dont il a partagé, assure-t-on, le glorieux martyre, en exerçant à l'égard de l'apôtre l'hospitalité la plus large. Ensuite, si l'on en croit le chroniqueur Duchesne, la loi *De officio rectoris provinciæ*, que les empereurs Valentinien, Gratien et Valens ont datée de *Monsmorancianus*, consacre l'antiquité de la ville et du nom qui nous occupent ; mais Dulaure leur conteste cette origine gallo-romaine. Ailleurs il se rencontre un autre nom latin, *Montmorenciacum* ; c'est du latin d'église du moyen-âge.

Quoi qu'il en soit, nous trouvons vers l'an 950 un certain seigneur, Hugues Bosselts, retranché dans une forteresse située en l'île Saint-Denis, et la veuve de Bosselts épouse en seconde noces Burchard le Barbu. Ce chevalier, qui n'est que trop vaillant, a déjà des idées bien révolutionnaires, pour un barbare, à l'endroit des richesses qu'entassent les moines de Saint-Denis, en regard de la forteresse, seule dot sans doute qu'ait apportée sa femme. Plus tard, tous les envieux du temporel ecclésiastique, d'une main, s'armeront de la hache, et ils auront dans l'autre un décret émanant d'autorités improvisées *ad hoc*. Mais Burchard, peu soucieux d'une légalité qui est un raffinement exclusivement moderne, se met tout simplement à la tête de quelques vassaux, et il donne à diverses reprises sur l'autre rive de la Seine, en imposant lui-même, par le pillage, les biens immenses de l'abbaye voisine. Prêtres ou moines, si la force est contre eux, ne peuvent avoir que des biens mal acquis ! Pourtant Vivien, abbé de Saint-Denis, au lieu de mettre la cuirasse sur le froc et de brandir l'oriflamme au bout d'une lance, comme le feront bientôt ses successeurs à l'occasion, Vivien s'en va porter ses doléances au roi Robert. Celui-ci fait raser le fort de l'île ; mais il est accordé par traité à Burchard la faculté de se rétablir à *Montmorenciacum*, qui touche à la fontaine de Saint-Valéry. C'est bien un peu plus loin des moines que l'exilé a toujours l'ambition de rançonner, mais dans une position beaucoup trop dominante pour ne pas devenir redoutable. Les successeurs de Burchard le Barbu refusent foi et hommage à l'abbaye, qu'ils menacent de nouveau du haut d'une citadelle, plus élevée que la première, et il paraît que Burchard IV surpasse même son trisaïeul, quant aux revendications à main armée exercées sur le territoire monacal. Louis le Gros, n'étant encore qu'héritier présomptif de la couronne de son père, vit dans de trop bons termes avec l'église de Saint-Denis pour ne pas essayer enfin de l'affranchir des déportements des Burchards ; il fait d'abord citer à la cour de Poissy et condamner pour exactions le quatrième du nom, et puis, donnant la force pour auxiliaire à la justice, il fait irruption sur le domaine de Montmorency, assiége et saccage la forteresse. Burchard IV se rend à merci.

Or, cette famille de vaillants capitaines, dont l'illustration militaire a commencé ainsi par la défaite, et la fidélité inaltérable à la Couronne par un état de rébellion ouverte, s'est appelée Bouchard, nom qui n'est autre que celui de Burchard adouci. Si les successeurs ont fait remonter jusqu'aux temps héroïques de la monarchie leur titre de premiers barons chrétiens, et de premiers barons de France, c'est qu'alors ils le justifiaient par des services rendus au roi et à l'Église. Mais plus d'un Bouchard a dit être par la grâce de Dieu sire de Montmorency. Cette nouvelle famille d'Agamemnon s'est divisée de bonne heure en plusieurs branches.

Voici bien un Bouchard-Montmorency Ier, que Jean le Laboureur (1), nous dit être le père de Bouchard-Montmorency II ; seulement il le déclare en même temps issu de Bouchard VI, deuxième successeur de celui qu'a vaincu Louis le Gros, et d'Isabeau de Laval, sa femme. Le Bouchard Ier de Jean le Laboureur a épousé Philippe Britaut de Nangis, fille de Jean Britaut, grand panetier de France et connétable du royaume de Sicile. Le fils du même Bouchard, par suite de ce mariage, a pris le titre de seigneur de Nangis, en même temps que celui de seigneur de Saint-Leu, Deuil et la Houssaye. Est arrivé ensuite un Bouchard-Montmorency III, le fils du précédent, qui a été grand panetier à son tour, et qui a épousé Jeanne de Changy ; ce troisième du même nom a eu pour fils aîné Jean de Montmorency, époux de Marguerite, fille du seigneur d'Andrezel, et tous deux sont morts sans enfants. Cette branche de la famille se rattache à mer-

---

(1) *Le tombeau des personnes illustres,* in-f°, 1642.

veille à la branche principale, puisque celle-ci a eu pour point de départ l'union de Matthieu III, frère de Bouchard Ier, avec Jeanne de Brienne de Rameru.

Matthieu de Montmorency II, et Matthieu Ier, quels beaux noms dans l'histoire ! Où trouver un petit-fils plus digne de son grand'père ! La charge de connétable, devenue grand office militaire, a déjà été occupée par deux hommes distingués, leurs ascendants, Albéric et Thibaut ; lorsqu'ils remplissent à leur tour cet office, ils ajoutent à ses attributions le commandement des armées. Matthieu Ier, immensément riche, a pour première femme Aline, fille naturelle d'Henri 1er, roi d'Angleterre, et puis il convole en secondes noces avec Alix de Savoie, veuve de Louis le Gros, c'est-à-dire de ce roi qui, étant jeune, en voulait aux Burchards, et mère du roi Louis VII, dit le Jeune. Ce dernier, encore mineur, et en même temps les États-généraux, ont été consultés avant le second mariage, qui n'a eu lieu qu'après leur approbation absolue. L'époux de la reine-mère contribue à administrer le royaume, avec Suger et le comte de Vermandois, lorsque plus tard Louis VII est en croisade. Thibaud de Montmorency, fils de Matthieu Ier, n'est autre que le chef de la branche des Montmorencys qui deviennent les seigneurs de Marly. Matthieu II, quant à lui, mérite le surnom de grand connétable ; il est le bras droit de Philippe-Auguste à la bataille de Bouvines, et puis il fait la guerre aux Albigeois. A la mort de Louis VIII, il se déclare, comme son aïeul, le protecteur du jeune roi ; seulement il ne demande pas la main de la régente Blanche de Castille. Au reste, la régente, s'il l'épousait, serait sa quatrième femme. De son troisième lit, il a eu les chefs de la branche Montmorency-Laval, et Jeanne, sa petite-fille, faisant partie de cette branche, est appelée à épouser

Louis de Bourbon, trisaïeul d'Henri IV. Par ses alliances, par celles de ses ancêtres, Matthieu se voit grand'oncle, oncle, beau-frère, neveu et petit-fils de deux empereurs et de six rois ; néanmoins il ne prend que le titre de baron. Il affranchit ses vassaux des corvées, moyennant une très-faible redevance.

Les ombres gigantesques d'autres Montmorencys sont passées en revue par Duchesne et Désormeaux, historiens de la maison. Que si tous ne sont pas invariablement grands officiers de la Couronne, la plupart du moins se retrouvent, à la condition qu'on les cherche sur les champs de bataille de l'histoire Mais, eux aussi, les cadets de cette famille souventes fois sont voués à l'Église. André de Montmorency est protonotaire du pape au xiie siècle et se mêle d'astrologie ; il prédit en bon astronome l'éclipse du 1er mars 1253 et les inondations d'ensuite. Hervé de Montmorency est, vers le même temps, doyen ecclésiastique de Paris. Dans le siècle suivant, un sous-chantre de Notre-Dame, professeur en Sorbonne et bienfaiteur de cette maison savante, a nom Guillaume de Montmorency. Ces cadets, néanmoins, ne sont pas sacrifiés au profit des aînés, comme dans tant d'autres maisons ! « Les Fiez de la chastellenie de Montmorenci, dit du Breül, ne sont pas de la condition des Fiez de la vicomté de Paris, comment que ladite chastellenie soit enclose en ladite vicomté : et se gouvernent les Fiez de ladite chastellenie par telle coutume, que l'aisné garentit le puisné, se il retient en demaine de son Fié jusqu'à soixante coudées de terre. » Aussi bien les religieux de Saint-Denis n'ont plus à se plaindre d'actes de violence : le premier baron de France est leur loyal voisin. Il reconnaît leurs droits sur des biens au soleil enclavés dans les siens, mais qui dépendent ou proviennent du domaine de l'abbaye, et ils lui rendent la pareille pour les terres ou fiefs détachés de son domaine qui se sont ajoutés ou qui confinent à celui de l'abbaye.

Dès le vivant d'André de Montmorency, il y a des vignes sur cette terre domaniale, et quatorze villages, tant par fiefs que par arrière-fiefs, sont soumis à foi et hommage envers ladite seigneurie, qui relève directement du roi, et qui, « à cause qu'elle est tenue nuement du roi, lui doit un faucon for de relief, quand le cas le requiert. » Un peu plus tard, la même suzeraineté embrasse un plus grand nombre de villages tout autour de l'*Hostel et manoir de la chastellenie,* sans compter 1966 arpens 3/4 de forêt y attenante.

Il paraît qu'au xive siècle le terroir se trouve déjà d'une fertilité peu commune. La preuve en est donnée, au commencement d'une disette, par la quantité de pain qu'apportent à Paris les paysans montmorencéens, qui le vendent, par exception, sans le peser.

Le malheur veut aussi que la bravoure du sire et de bien d'autres feudataires n'empêche pas les Anglais, déjà maîtres de Creil, de porter le fer et la flamme jusque dans le château-fort de Montmorency, en l'année 1358. Dans la crainte d'une récidive, des murailles fortifiées sont élevées, en 1411, pour ceindre la ville seigneuriale, déjà décapitée de son château. Il en restait encore quelquelques vestiges, il y a peu de temps, quand on a jeté bas, près la place Saint-Jacques, une porte qui avait fait partie desdits remparts.

Grand personnage aussi, ce Guillaume de Montmorency, deuxième du nom, chambellan des rois Charles VIII, Louis XII et François Ier ! N'a-t-il pas eu pour père Jean II, dit de Nivelle, sire et baron de Montmorency, et lui même grand-chambellan de France? Son portrait, qui était jadis dans l'église de Montmorency, se retrouve aujourd'hui au Louvre, après avoir été placé dans les galeries historiques de Versailles. Sur la demande de M. Regnard, ancien maire, une copie en a été faite et offerte à Montmorency, par la munificence de Louis-Philippe ; cette copie est l'œuvre de Mme Varcollier.

Tant de preux n'ont été, pour ainsi dire, que les précurseurs d'Anne de Montmorency, héros de cette race héroïque. Anne seconde le chevalier Bayard, défend François Ier contre la rébellion du connétable de Bourbon ; la veille de la bataille de Pavie, qu'il n'est pas d'avis de livrer, une commission l'éloigne du conseil, et tout est perdu fors l'honneur ; il n'en réclame pas moins, en renonçant à la liberté, sa part de la captivité royale. La délivrance de François Ier, à la négociation de laquelle il a contribué, lui permet de prendre une revanche en forçant à la retraite l'empereur Charles-Quint. En 1538, le nom qu'il porte si bien est pour la sixième fois celui d'un connétable. Soliman, Barberousse et les autres souverains connus envoient au nouveau dignitaire des présents qui attestent l'ubiquité de sa réputation. Prudent comme Fabius à la tête des armées, il oublie, à la cour, de composer son personnage ; c'est pourquoi il s'y fait très-mal venir de la duchesse d'Etampes, de l'amiral Tannebaut et du cardinal de Tournon. Pour avoir conseillé au roi de laisser passer l'empereur, qui s'en va châtier les Gantois, il est disgracié et exilé d'abord à Chantilly, puis à Écouen. Le sablier de la faveur se remplit de nouveau pour le connétable, à la mort de François Ier; Henri II, l'an 1551, érige sa seigneurie en duché-pairie, réunit à sa baronnie les terres d'Écouen et de Chantilly, où il a été relégué, « et celles de Montepiloir, Champursy, Courteil, Vaux-les-Creil, Tillay, le Plessier et la Villeneuve. »

L'abbé de Saint-Denis, qui perd cette fois encore une partie de ce que gagne l'illustre successeur de Burchard, veut s'opposer aux libéralités royales ; d'autres influences font valoir que le domaine du roi au bailliage de Senlis en est lui-même diminué, et il est accordé au nouveau duc diverses compensations en échange des fiefs dont on fait distraction par lettres patentes, notamment ceux d'Écouen et de Villiers-le-Bel. A cette époque, Anne de Montmorency a son hôtel à Paris, rue Sainte-Avoye, en face la rue de Montmorency. Après avoir puni exemplairement une révolte à Bordeaux, il est blessé et pris à la bataille de Saint-Quentin ; il fait la paix de Cateau-Cambrésis. Comme premier baron chrétien, il se sépare de Condé, qui se fait chef du parti calviniste, et il est tout porté à la tête du parti contraire, avec le duc de Guise et le maréchal de Saint-André. A ces divisions religieuses, qui ont longtemps ensanglanté la France, gouvernée durant quatre règnes par le génie à mille faces de Catherine de Médicis, Anne gagne le surnom de *capitaine Brûle-bancs*, pour avoir détruit bien des prêches. Il faut se garder, si l'on en croit Brantôme, des patenôtres de M. le connétable, car il les dit en les entrecoupant de parenthèses dans le genre que voici : — Faites passer cet homme-ci par les armes. — Allez-moi pendre celui-là... En 1562, il est de nouveau fait prisonnier à Dreux, tout en battant les protestants ; puis il chasse les Anglais du Havre. La fin de l'année 1567 retrouve le vieux connétable victorieux à Saint-Denis en commandant les catholiques ; mais un Écossais, Robert Stuart, l'a frappé mortellement ; le vieillard, en tombant, retrouve asssez de vigueur pour asséner un coup du pommeau de son épée rompue sur la tête de son meurtrier, que Villars, le beau-frère de la victime, doit tuer de sa main à Jarnac. Des obsèques princières sont faites au premier duc de la famille des Montmorencys ; son effigie est portée à Notre-Dame, honneur ordinairement réservé aux rois de France; son corps serait enterré dans les caveaux de Saint-Denis, près du dernier théâtre de sa valeur, si sa demeure suprême n'était pas, en vertu d'un testament, l'église de Montmorency ; son cœur, tout au moins, est porté aux Célestins de Paris, dans la chapelle de la maison d'Orléans, à côté de celui d'Henri II, son maître et ami. La reine-mère, quant à elle, remercie Dieu à double titre ; il lui est également doux qu'une victoire ait été remportée et qu'elle lui ait coûté le connétable. Mais il nous faut citer le dernier mot de ce grand capitaine, à l'éloge duquel ne peut que concourir la haine cachée de Catherine de Médicis. Un cordelier, son confesseur, cherchant à lui cacher sa fin prochaine : — Croyez-vous, lui dit-il, qu'un homme qui a su vivre quatre-vingts ans avec honneur, ne sache pas mourir un quart d'heure ?

Le maréchal Damville, deuxième des cinq fils d'Anne et de Madeleine de Savoie de Tende, fait la capture à Dreux du prince de Condé, assiste à la bataille de Saint-Denis, puis rompt avec les Guise à force de se dévouer à Marie Stuart, reine de France et d'Écosse. Son frère aîné et lui ont tout à craindre du cardinal de Lorraine, le jour de la Saint-Barthélemy ; mais l'un se retire à temps à Chantilly, et l'autre gagne le Languedoc. Damville finit par se mettre à la tête du tiers-parti des politiques, entièrement composé de catholiques mécontents, et il est le premier à proclamer Henri IV roi de France. Aussi le Béarnais dit-il tout haut : — Si la maison de Bourbon venait à périr, nulle n'est plus digne de la remplacer que celle de Montmorency.

Cette insigne consécration d'un mérite devenu depuis

longtemps héréditaire porte toutefois malheur à Henri II, fils de Damville, qu'Henri IV a tenu sur les fonts. Le duc Henri, quel homme bienfaisant! Lorsque, sous le règne suivant, Marie de Médicis se réfugie à l'étranger, ce filleul du monarque dont elle est veuve, entré dans la révolte de Gaston, duc d'Orléans, essaie de soulever le Languedoc; il est blessé à la bataille de Castelnaudary, et il y est pris les armes à la main par le maréchal de Schomberg. Le parlement de Toulouse le fait décapiter le 30 octobre 1632. Marie-Félice Orsini, duchesse de Montmorency, sa femme, nièce de Marie de Médicis, a tout fait, mais en vain, pour soustraire à la peine capitale Henri II, convaincu de haute trahison, sans avoir été sa complice; après lui, elle va s'enfermer jusqu'à la mort au couvent de la Visitation, à Moulins.

La sœur de l'infortuné duc, Charlotte-Marguerite de Montmorency, joue elle-même un rôle important, d'un bout à l'autre de sa vie. A quinze ans, elle est déjà belle et déjà aimée d'Henri IV, bien que son père, le maréchal Damville, l'ait fiancée à Bassompierre. Quand ce dernier sait quel est son rival, il quitte la partie. Le roi, malgré Sully, demande une dispense au Saint-siège, et donne lui-même pour mari à Charlotte, en 1609, un cousin qui leur est commun à tous les deux, le prince Henri II de Condé. On dit alors que « le roi a fait cela pour abaisser le cœur au prince de Condé, et lui hausser la tête. » Élevé par le Mis de Pisani, ce prince est catholique; son père a combattu dans les rangs de la Réforme, mais est mort avant sa naissance. Il ne proteste, une fois marié, que contre l'amour d'Henri IV, qui menace de plus belle la vertu de Charlotte, et il emmène sa femme à Saint-Valéry. Le roi ordonne, se fâche, puis se déguise pour s'introduire dans la place; les deux époux de s'enfuir à

Bruxelles. On court après le couple, la princesse de Condé est mise par la politique espagnole sous la sauvegarde de l'archiduc, et son mari, craignant lui-même de servir d'otage, gagne Milan. Les médisants vont jusqu'à croire que la guerre préparée en France contre l'Espagne a pour but principal l'enlèvement de la fugitive, que les Flandres gardent à vue ; plus tard, le constituant Lameth s'appuiera de cette hypothèse pour proposer à la tribune nationale que le droit de faire la paix et la guerre soit distrait à jamais de la prérogative royale. Condé, à la mort d'Henri IV, ramène sa femme à Paris ; mais outré de rester sans emploi, il se fait chef des mécontents, comme son beau-frère. Déclaré criminel de lèse-majesté, il est privé de ses biens et conduit à Vincennes, l'an 1617 ; la princesse, n'ayant pu obtenir de Louis XIII l'élargissement du premier prince du sang, se fait autoriser à épouser sa captivité de deux années. La tendresse de Charlotte pour son mari ne l'empêche pas de songer à son frère, qui est encore plus compromis. En demandant grâce pour le duc, elle se jette aux pieds du cardinal de Richelieu, qui pour toute réponse s'agenouille comme elle. Henri de Montmorency monte donc sur l'échafaud ; mais il est sans enfants, et par un testament que le roi a autorisé, il a nommé son légataire universel le fils posthume du Cte de Boutteville, décapité à la suite d'un fameux duel ; il a seulement distrait de ce legs des biens pour ses sœurs. Le cardinal supprime le testament, bien que par un surcroit de générosité un tableau de Paul Véronèse lui ait été légué par sa victime ; Son Éminence confisque tous les biens au profit du prince de Condé, duc de Bourbon, rentré en grâce après de nouvelles cabales, et qui exerce un commandement en Languedoc contre les protestants. Cette donation au nom du roi Louis XIII est faite, en 1633, sous forme de nouvelle érection en duché-pairie de la vieille baronnie de Montmorency, au profit de Condé et de Charlotte de Montmorency. Chantilly, il est vrai, demeure encore quelque temps réservé; mais l'Ile-Adam, qu'a d'ailleurs possédée le beau-frère du donataire, fait tout de suite corps avec les autres terres. En 1636, le prince combat pour le roi en Franche-Comté; l'année suivante il prend Salces et Elne aux Espagnols, en Roussillon, et, après la mort de Louis XIII, il fait partie du conseil de régence. Charlotte de Montmorency ne devient veuve que treize ans après la donation royale; elle meurt à Châtillon-sur-Loing, à l'âge de 57 ans, mère du grand Condé, du prince de Conti et de la D^{sse} de Longueville.

Comme on voit, les Montmorencys cessent de posséder, sous Louis XIII, la terre de Burchard le Barbu. Leur devise, ἀπλανος, mot grec qui veut dire fixe, assuré, n'ayant rien de vague, devient par force majeure un contre-sens; l'ἀπλανη αστα d'Aristote, c'est l'astre fixe, et les Montmorencys, dont il existe six branches en 1764, sont partout excepté chez eux. Partout ils ont laissé, comme leur signature, le même mot grec. Eugène Scribe l'a retrouvé, de notre temps, sur une pierre de son château de Séricourt, tout comme il est encore dans l'église de Montmorency. Du château seigneurial des premiers connétables, qui n'a pas été rétabli depuis que les Anglais l'ont mis à sac et incendié, il survit une tour, près de l'église, à gauche du cimetière, jusqu'à la fin du XVIIIe siècle. Elle garde le titre de tour seigneuriale du duché, même après le changement de maître et seigneur, et elle sert « à marquer la glèbe dudit duché où les vassaux rendent foi et hommage, et à renfermer les archives ducales. » On l'appelle aussi Tour-Trompette, et jusque dans les derniers temps il y a un homme qui reçoit cinq écus de six livres tous les ans, pour monter à la tour et sonner trois coups de trompe, la veille de la Saint-Jean. La base de cette tour se retrouverait encore, de nos jours, maison Chédex, et les bases de l'ancien château y attenant, chez différents propriétaires. M. le curé habite sur les remparts de la vieille forteresse.

ARMES DES MONTMORENCYS. — D'or à la croix de gueules, cantonnée de seize alérions d'azur ; l'écu timbré d'une couleur princière fermée. Tenants : deux anges portant chacun une palme. Devise : Dieu ayde au premier baron chrestien. Cri : ἄπλανος surmonté d'une étoile. L'écu environné du manteau de pair, sommé de la couronne de duc.

LES FIEFS. — Commençons par rappeler que la terre de Montmorency était un fief mouvant du roi, à cause de son châtelet de Paris. Puis essayons d'énumérer les fiefs assis sur le territoire même de la commune.

Le fief de Saint-Valéry portait la même dénomination qu'une fontaine, qui date de plus loin que la prise de possession de Montmorency par les Burchards. Denise Raguier, veuve du maître des comptes Levavasseur, était propriétaire de ce fief, sous le règne de Louis XI. Donation en a été faite, l'année 1593, aux boursiers du collège du Cardinal-Lemoine, lesquels obtinrent fréquemment, aux XVIIe et XVIIIe siècles, remise des droits de cens dus sur cette terre au duché d'Enghien-Montmorency.

Il y eut aussi un fief du Temple, originairement acquis aux templiers. C'est pourquoi l'on appelle encore rue du Temple celle où était le siège dudit fief. Le grand prieur de France en a perçu le revenu pendant plusieurs siècles. Nous y reconnaissons aussi la maison de campagne que Sauval (1) dit avoir été occupée par le grand-prieur de l'ordre de Malte, à Montmorency, sur la côte.

Quelques années avant le supplice des templiers et la suppression de leur ordre, un pressoir et une masure se trouvaient près de la fontaine Saint-Valéry, et plus près encore d'une église sous l'invocation de Notre-Dame. Il y attenait un jardin, dont une portion fut abandonnée à ladite église par Didier Mayard, bourgeois de Paris, le 24 octobre 1614. Dix-sept ans après, Cornillau rendait foi et hommage pour sa maison de campagne, au même endroit. Tout cela formait le fief Jehan de Montmorency, dit aussi du Pressoir et plus souvent encore de Thionville. La fontaine de la Tuilerie et une ruelle y aboutissant étaient données par les habitants de Montmorency, ayant Nicolas Delaporte pour procureur, le 20 septembre 1649, à Nicolas Desnost, sieur de Thionville, contrôleur-général des bâtiments du roi, à la condition qu'il entretiendrait à ses frais la fontaine de Saint-Valéry. Desnost légua plus tard son fief au président Fardoil, à charge de payer 10,000 livres tournois à sa succession.

Le fils du président vendit au peintre Charles Lebrun, et c'est alors que la propriété commença à ne plus être dite communément que le *Château*, désignation sous laquelle nos lecteurs la retrouveront un peu plus loin.

Nous reparlerons en même temps d'une propriété voisine, qui n'a pas entièrement perdu son autonomie par annexion et par substitution, mais qu'on a appelée, elle aussi, et que d'aucuns appellent encore le *Château*. Il s'agit de ce fief qui fit prendre, sous Louis XVI, à M. Piat,

---

(1) *Antiquités de Paris*, tome I, page 614.

échevin de Paris, le titre de seigneur de la Grange-Chambellan. L'édile parisien venait d'y remplacer les descendants de Fossier, garde-général des magasins des bâtiments du roi, qui lui-même avait acheté maison, cour, granges, pressoir et bois, le tout occupant huit arpents, des héritiers de Robineau de la Fortelle, avant la fin du siècle antérieur. Mais la reconnaissance passée au duc de Montmorency par Jean de Chambellan, en 1621, avait eu pour objet deux maisons, dont la situation était indiquée au faubourg de Saint-Valéry. Que serait-ce si nous prenions note des variations de la contenance du terrain? Plus d'une fois même ce qui restait de la Grange fut pris en location par le sieur de Thionville.

Les prêtres de l'église Saint-Paul, à Saint-Denis, vendaient, en l'an 1640, à Louis de Machault, un fief de Saint-Paul, qui consistait en censives et autres droits sur le lieu dit *clos Saint-Paul*, à Montmorency.

Le Grand Condé, duc d'Enghien-Montmorency, accordait à cens et rente, en 1675, à son bailli, Louis le Laboureur, l'emplacement de l'ancien château des Montmorencys, avec les fausses brayes et le pourtour, mais à la réserve de la tour, seul bâtiment qui fut encore debout, et Condé permettait, en outre, l'établissement d'une arcade sur la rue qui séparait des fausses brayes la maison habitée par Louis le Laboureur. L'année suivante, le même bailli obtenait du même prince que la féodalité, qui pesait sur ses vingt-deux arpents de terre sis à Saint-Brice, formant à peu près la moitié des fiefs Hugo et de Morée, fût transportée sur sa maison de Montmorency, place au Pain, ladite maison érigée à cette fin en fief de Châteaumont.

Pour ne pas faire de jaloux, le grand Condé signa, le 22 avril 1689, en faveur de Jean Mathas, autre bailli du duché d'Enghien, un brevet érigeant en fief de Montlouis une propriété dont les bâtiments, les cours et le jardin étaient limités par trois rues. Était-ce faire trop honneur à l'hôte que le procureur-fiscal François Mathas, sieur de Montlouis, devait dans la suite y recevoir ? Tant s'en faut, car cet hôte était Jean-Jacques Rousseau, comme nous aurons occasion de le rappeler moins sommairement. La veuve du procureur-fiscal avait eu pour premier mari un lieutenant-colonel de régiment suisse ; elle laissa la terre noble de Montlouis, par un vilain rendue célèbre, à son neveu, qui commandait un bataillon dans la même garde, et de qui acheta le sieur Regnard. Puis, sur la demande de la dame Dumoulin, devenue à son tour propriétaire, le fief était converti en roture, « à charge de deux chapons de chef-cens, portant lods et ventes, saisine et amande. »

Faut-il enfin vider le sac aux renseignements sur un sujet jusqu'à présent si peu connu ? Pour ce, nous n'avons qu'à citer : un fief de la Mairie ou de la Marre ; un fief de Bagues, qui s'est fondu sans doute ou qu'on a confondu avec celui de Thionville ; le fief Barbou, allant de Margency par Soisy à Montmorency, lequel, dans ce qui en a appartenu aux chanoines de l'église Saint-Martin, a pu ne faire qu'un avec le fief dit des Chanoines-de-Montmorency, postérieurement des Pères-de-l'Oratoire.

Les tenanciers de ces fiefs et de tous les autres fiefs plus éloignés qui relevaient de la même suzeraineté rendaient foi et hommage au pied de la vieille tour qui survivait au château-fort.

Jean le Laboureur. — Rien de plus agricole que le nom de famille de cet historiographe, qui a tant contribué à éclaircir l'histoire de France, surtout pendant les règnes du mari et des fils de Catherine de Médicis! S'il eut cherché, comme généalogiste, à se donner pour ancêtres des capitaines fameux, il n'y aurait eu de vraisemblance que dans le choix de Cincinnatus. Néanmoins Jean le Laboureur n'était pas un paysan de Montmorency, comme son compatriote et contemporain Jean Aumont, dont le traité sur la prière reçut l'approbation des docteurs de Paris, et qui fut enterré chez les religieuses de Saint-Magloire. Le grand'père de notre écrivain assistait déjà comme bailli aux grands jours du duché de Montmorency tenus en 1588, et son père, tout en remplissant les mêmes fonctions, était devenu seigneur de Châteaumont ; Claude le Laboureur, son oncle, auteur des *Masures-de l'Ile-Barbe*, de *l'Histoire de la maison de Sainte-Colombe*, etc., avait été avocat, et puis prêtre, puis prévôt de l'abbaye de l'Ile-Barbe, et à la suite d'un démêlé avec le chapitre de Lyon au sujet des prérogatives attachées à cette prévôté, il s'était retiré à l'Oratoire de Valence, en résignant son bénéfice. Louis enfin, frère aîné de Jean succéda à son père dans la charge de bailli ; mais remarquez qu'il n'en dédia pas moins au grand Condé *Charlemagne*, poème héroïque, auquel il ajouta trois autres poèmes sous le titre des *Victoires du duc d'Enghien*. Quoique ces derniers compliments n'eussent pas l'esprit d'être indirects, Condé ne les repoussa pas, et par malheur le poète était médiocre ; mais cela importait moins à Monseigneur qu'à Pacolet, son valet de chambre, qui était chargé de lire pour lui tous les livres ennuyeux qu'on présentait. Le puîné n'avait que 19 ans lorsqu'il dédia au cardinal de Richelieu son premier ouvrage, un in-folio, *Le Tombeau des Personnes illustres*, avec une préface de l'aîné : c'était en 1642. Quand la mort de leur père fit un bailli en titre de celui qui ne l'était encore que de fait, l'autre se pourvoyait d'une charge de gentilhomme servant de Louis XIV, pour se faciliter l'entrée des archives, et il accompagna postérieurement la C^{sse} de Guébriant, dans son ambassade en Pologne, où elle conduisait la princesse Marie de Gonzague, fiancée à Vladislas VII. De là une *Relation du voyage de la reine de Pologne* et une *Histoire du maréchal de Guébriant*, par Jean le Laboureur. Ordonné prêtre à son retour, il fut nommé aumônier du roi et prieur de Juigné. Ses gros livres, voire même son *Histoire de la pairie et du parlement*, le recommandant à toutes les faveurs, il devint commandeur de l'ordre de Saint-Michel, en 1664. Onze ans plus tard, il mourut à Paris. Une rue de Montmorency porte son nom, et c'est justice.

Chronique Religieuse. — Saint-Valéry, abbé, né en Auvergne au milieu du VIe siècle, eut pour bienfaiteur Clotaire II, père de Dagobert, qui lui donna la terre de Leuconay, à l'embouchure de la Somme, dans le pays de Vimeu, en Picardie. Là s'éleva premièrement un monastère, puis une ville du nom de Saint-Valéry; mais le pieux protégé de Clotaire II avait fait des voyages, et il est très-probable que des miracles, attribués aux mérites de ce saint, ont valu la même dénomination à la fontaine de Montmorency, qui coule encore, au temps où nous vivons, près l'ancien fief de Lagrange-Chambellan. Que s'il est à croire qu'une chapelle fut établie alors au même lieu, il est facile de se rappeler aussi le siège qui détruisit la forteresse et la ville naissante de Burchard-Montmorency IV. Ainsi s'expliquerait que les premiers barons chrétiens habitassent une ville sans église et ne pussent entendre la messe qu'à Groslay pendant quelque temps.

A cela près, Notre-Dame paraît avoir été la plus ancienne église de Montmorency. On la traitait souvent de chapelle, à cause de ses proportions modestes, et son importance n'allait pas au-delà du prieuré simple. La maison de campagne de la famille Desnoyers tient la place d'un des bas-côtés de cette église. Des statuettes décapitées et d'autres ornements d'architecture qui n'affectent pas moins l'aspect de la vétusté, décorent l'originale entrée de cette villa, en rappelant aux passants qui ont connu M. Desnoyers, secrétaire de la Société de l'histoire de France et bibliothécaire du Jardin des Plantes, qu'il cachait l'artiste sous les préoccupations de l'archéologue. Ce qui reste de la petite église romane, à deux pas de là, sert de grange ; on y reconnaît encore les caractères architectoniques du xie siècle. A ce débris d'édifice religieux touche un débris de l'ancien mur de la ville, au coin de la rue Notre-Dame et de la rue au Pain.

L'ancien mur traversait naguère la propriété de M. Merle, où maintenant il a disparu ; mais il se laisse revoir place Saint-Jacques, ainsi que les traces d'une poterne qui s'ouvrait dans la même enceinte, et qu'on a démolie, voilà tantôt quinze ans, avec deux pans de la muraille plusieurs fois séculaire comme elle.

L'ancien couvent des mathurins se trahit par d'autres vestiges, en face de l'Hôtel-Dieu, dans deux maisons de campagne qui paraissaient encore des habitations conventuelles il y a une cinquantaine d'années Or, puisque nous avons trouvé un état de la propriété foncière des ci-devant mathurins de Montmorency à Epinay, c'est-à-dire un état partiel, certifié véritable par Jacquin, procureur de la municipalité, le 13 octobre 1790, pourquoi ne pas le donner tel quel, faute de mieux ?

1º Martin Hamelin, fermier de 575 perches, doit par an 200 livres et une paire de poulets.

2º Baudoin, 25 arpens de terre : 500 livres, stipulées par un bail périmé. Le fermage s'élèverait à 700, aux termes d'un nouveau bail ; mais celui-ci est nul, en vertu d'un décret de l'Assemblée nationale, comme passé depuis le 2 novembre 1789.

3º Martin Fournier, 216 perches : 62 livres.

4º Hedelin, 23 arpens, 47 perches 1/2 : 446 livres, 10 sols, 2 poules d'Inde, 2 paires de poulets et 6 boisseaux d'orge, bail périmé. Le bail nouveau, mais annulé, dit 650 livres.

5º Henri Thiboust père, 216 perches : 62 livres.

6º Antoine Passard, de Saint-Gratien, 9 arpens : 206 livres.

7º Antoine Chevillard, de Saint-Gratien, 3 arpens, 9 perches : 69 livres, 7 sols.

Quant à l'Hôtel-Dieu, c'est le duc Henri II de Montmorency, pair et connétable de France qui en confia l'administration spirituelle et temporelle à des chanoines réguliers de l'ordre de la Sainte-Trinité. On avait dit autrefois de ces religieux, voués plus ou moins spécialement à l'œuvre de la rédemption des captifs, que leur ordre était celui *des ânes*, parce que, dans leurs premiers statuts, le pape Innocent III avait ordonné que leurs seules montures fussent des ânes : *equos non ascendant, sed tantum asinos*. Qui s'étonnera encore, sachant cela, de la prééminence traditionnelle des ânes de Montmorency sur tous leurs confrères des environs de Paris ? En 1603, c'est-à dire après deux années d'administration, les trinitaires de la localité furent investis par le duc de la propriété immobilière de l'hospice même, ainsi que de la jouissance à perpétuité de ses revenus, applicables à l'exercice de la même hospitalité qu'auparavant, réglée par un cahier des charges ; en conséquence, ils n'avaient plus à rendre compte des économies qu'ils réaliseraient pour les employer dans la suite en constructions ou reconstructions. Comme tous les passants, même valides, étaient reçus à l'Hôtel-Dieu, avec la misère seule pour passe-port, pendant un laps de temps proportionné à leur état de santé, les infortunes qu'y soulageait la munificence seigneuriale n'étaient pas toujours honnêtes. Le 30 août 1664, sous les Condés par conséquent, il y eut commutation des revenus de l'hospice, et l'on n'y reçut plus que des malades.

Notre lecteur veut-il être édifié sur la situation réelle dudit asile charitable, et en savoir autant à cet égard que le frère économe d'il y a cent ans? Il n'a qu'à prendre connaissance du plus complet tableau de ce genre qu'on ait jamais dressé en raccourci.

Guillaume le Fèvre, un peu plus de cent années avant celle que nous tenons, est ministre général de l'ordre de la Trinité, et Duvernoy est seulement ministre de la maison des révérends trinitaires hospitaliers d'Enghien-Montmorency, dont la communauté ne se compose que de quatre religieux, administrant les sacrements aux malades de l'Hôtel-Dieu, enterrant ceux qui y meurent, baptisant les enfants qui y naissent et y célébrant l'office divin. Ces religieux habitent une maison qu'ils ont fait bâtir sur l'ancien emplacement de l'Hôtel-Dieu, qui a été reconstruit vis-à-vis sur le terrain à eux concédé par le duc de Montmorency en 1607.

Ils font valoir 5 arpens de vignes, dont 2 au lieu dit les Basserons, et ils en tirent 800 livres, savoir : 20 muids à 40 livres. Des biens-fonds affermés à Domont, Moisselles, Maffliers, Sarcelles, Saint-Brice, Groslay, Montmagny, Épinay, Soisy, Saint-Prix et Enghien-Montmorency leur rapportent 3,307 livres, 1 sol. Ils ont, en outre, un revenu de 1,075 livres, 15 sols, à l'établissement duquel concourent : 1º de petites rentes sur des biens à Enghien, Deuil, Montmagny, Groslay, Saint-Brice, Pierrefitte, Ezanville, Moisselles, Domont, Saint-Prix, Andilly, Soisy, Eaubonne et Épinay ; 2º 25 livres de rente, dues par le prince de Condé en vertu d'une transaction, passée le 18 novembre 1635, laquelle rachetait à ce prix des cens et autres droits seigneuriaux que leur conférait la qualité d'administrateurs de l'Hôtel-Dieu ; 3º 430 livres de rente payables à l'Hôtel-de-Ville de Paris sur les aides et gabelles, et cette rente représentait principalement à la communauté la dot payée par un de ses profès. Total des revenus : 5,182 livres, 16 sols.

Etat des charges annuelles de la communauté.

	livres	sols	deniers
Il faut que les révérends donnent à l'Hôtel-Dieu une corde de bois de billon, évaluée	18	»	»
Item un cent de fagots.	15	»	»
Item un cent de fatouillettes	15	»	»
Item 8 setiers de froment, à 15 livres le setier.	120	»	»
Item viande de boucherie	60	»	»
Dû aux oratoriens d'Enghien, la moitié d'un muids de vin, en sa futaille, pour la dîme.	22	»	»
Dû à titre de droits honorifiques aux chanoines de l'église Saint-Martin, représentés par les oratoriens. . .	10	10	3
Dû à la fabrique de la paroisse d'Attainville, à titre de rente annuelle et perpétuelle	100	»	»
Dû à Leroy, corroyeur à Paris, comme rente constituée au principal de 1,000 livres depuis le 4 avril 1746.	50	»	»
Dû à Robert, marchand plumassier à Paris, comme rente constituée au capital de 1,700 livres depuis le 23 mai 1746.	85	»	»
Dû à Mme Lemaître, bourgeoise de Paris, comme rente au principal de 4,000 livres, constituée depuis le 26 septembre 1754.	200	»	»
	695	10	3

	livres	sols	deniers
Report. . . .	695	10	3
Dû à Jérôme Debergue, boucher de la maison, comme rente au principal de 1,500 livres, constituée depuis le 6 juin 1759.	75	»	»
Somme à payer pour les décimes. . . .	354	»	»
Gages du cuisinier.	100	»	»
Ceux du garçon de cuisine.	30	»	»
Ceux du jardinier	100	»	»
Ceux de la blanchisseuse.	130	»	»
A payer au garde du prince, afin qu'il étende sa surveillance jusqu'aux bois dont les coupes appartiennent aux révérends trinitaires.	12	»	»
Item au barbier.	18	»	»
Il en coûte pour la façon des vignes. .	200	»	»
Autres frais dans les mêmes vignes. .	160	»	»
Frais de coupe et de charriage de bois. .	120	»	»
A payer pour la capitation des domestiques	4	16	»
Item pour la taxe des captifs, imposée par l'ordre de la Trinité à chacune de ses maisons	25	»	»
Item pour la livre de bougie due à chacun des principaux officiers du bailliage, quatre fois par an, à l'occasion des quatre services fondés en mémoire de MM. Mathas, en leur vivant officiers du bailliage . . .	19	12	»
A payer pour le tiers des dépenses occasionnées par la visite triennale des supérieurs majeurs.	32	»	»
Entretien des bâtiments de la communauté et de l'hospice, ainsi que des maisons louées à des particuliers. .	1,000	»	»
Total des charges . . .	3,075	18	3

Dans ce bilan annuel, après le retranchement de la masse passive sur la masse active, il restait 2,106 livres 17 sols 9 deniers de rente aux révérends pères de l'Hôtel-Dieu.

Les biens de l'hôpital ont été englobés dans les confiscations de la Révolution ; mais, au commencement de l'an III, une restitution équivalente a été faite par l'État. La restauration des bâtiments date du temps où M. Kessner remplissait les fonctions de maire. Aussi bien la petite fortune que l'établissement hospitalier s'était vu rendre, et dont il jouit encore sans titres réguliers, mais sans contestation possible, s'est accrue de dons particuliers. Elle se compose de pièces de terre sur Écouen, Ézanville, Sarcelles, Villiers-le-Bel, Eaubonne, Garches, Saint-Brice, et de bois sur Domont, outre des rentes sur l'État. Les lits de l'Hôtel-Dieu sont au nombre de douze, dont six réservés à des femmes. Quatre sœurs de la Sagesse et une supérieure le desservent.

L'église que firent bâtir les barons de Montmorency, sous l'invocation de saint Martin, déjà prise par celle de Groslay, date très-probablement du XIIe siècle ; mais deux piliers seulement, de l'avis de M. Mérimée, existent dans l'église actuelle, qui aient appartenu à la première construction toute romane. Cette paroisse fut bientôt érigée en chapitre ; Matthieu de Montmorency, le connétable, donna, vers le commencement du XIIIe siècle, à l'abbaye de Saint-Victor de Paris une prébende de l'église Saint-Martin de Montmorency. Un peu plus tard, il fut construit, indépendamment de l'église collégiale, une chapelle dans le château. En 1358, nous le rappelons, la place fut investie par les Anglais, et toutes les constructions ruinées. Guillaume de Montmorency, en 1525, dut faire rebâtir Saint-Martin ; cette réédification fut terminée en 1563, sous le connétable Anne : cette dernière date brille encore à la voûte.

Les paroisses très-nombreuses du doyenné de Montmorency, le plus considérable de tout le diocèse, sont un long chapelet que l'abbé Lebeuf a égrené dans son *Histoire du Diocèse de Paris*. On y comptait non-seulement les paroisses que passe en revue le présent *Tour de la Vallée*, mais encore les paroisses de Saint-Ouen, de Roissy, d'Ermenonville, de Garches, de Luzarches, d'Écouen, de Méry-sur-Oise, de Conflans, de Chatou, d'Argenteuil, et ce n'est pas là tout ; seulement en voilà assez pour qu'on se fasse déjà une idée juste de l'importance du doyenné de Montmorency. Quant au chapitre, il était abbatial ; il se composait de neuf chanoines, avant que ceux-ci ne fussent remplacés par des oratoriens, dont le nombre s'éleva jusqu'à trente, et le chapitre présentait à la cure, tout comme aux chapellenies de Saint-Jacques et de Notre-Dame. Doyen et chanoines, vers la fin, étaient encore moins riches que les chapelains. Le corps gothique, si élégant et si léger, de Saint-Martin ; sa flèche, qui peut se voir du sommet du mont Valérien et de la terrasse de Saint-Germain-en-Laye ; enfin les sculptures délicates qui, dans le temps, rehaussaient encore mieux qu'à présent l'architecture de l'église, tout cela a été l'objet de l'admiration de notre cher devancier, le père Lebeuf. Le *Mercure de France* du 2 juillet 1740 a fait également une description curieuse de l'église Saint-Martin.

Henri, petit-fils d'Anne, comme il voyait les revenus capitulaires diminuer à tel point que plus d'un chanoine était forcé, pour vivre, de se pourvoir ailleurs d'un vicariat, a mis l'église, en 1618, à la disposition des pères de l'Oratoire, M. de Bérulle étant leur général. Le duc se réservait de conférer, comme patron laïque, les prébendes et chapelles de sa fondation, tout en s'obligeant à ne les donner qu'à des oratoriens, sur la présentation de leurs supérieurs. Le même seigneur laïque se réservait le droit de pourvoir au remplacement des oratoriens, au cas où ils viendraient à s'écarter de la règle. Ils héritaient d'ailleurs des priviléges grevés de charges qu'avaient eus leurs prédécesseurs, et ils étaient tenus de chanter la messe en des jours déterminés à Notre-Dame de Montmorency. Les anciens doyen et chanoines devaient être enterrés dans leur église, aux frais des nouveaux-venus, pourvu qu'ils en eussent exprimé le désir avant de mourir.

Des places d'honneur y étaient occupées par ces Montmorencys que la mort, ailleurs même que là, n'aurait pas osé mettre dans un rang ordinaire. Quel mausolée on y dressait encore, sur le dessin de Jean Bulland, élève de Pierre Lescot! Ses dix colonnes de marbre soutenaient une coupole hémisphérique, au milieu de la nef. Le duc Henri, par les ordres de qui ce monument s'élevait à la mémoire de son grand-père, comment eût-il prévu qu'avant l'achèvement, sa propre tombe s'ouvrirait violemment? Le ciseau n'avait pas fini de fouiller le marbre quand le parlement de Toulouse prononça un arrêt de mort qui fit soudain tomber le ciseau des mains (1).

Plus tard, Mlle de Sens Bourbon-Condé ayant vendu la propriété de Saint-Valéry, à quatre lieues de Sens, où étaient enterrés les Condés de la branche aînée depuis près de deux siècles, on transféra à Montmorency les cendres des princes et princesses de cette maison. Louis Henri, duc de Bourbon, chef de la branche de Bourbon-

---

(1) On transporta ce mausolée au musée des Petits-Augustins, le 25 ventose an IV.

Condé, mort à Chantilly le 27 janvier 1740, fut inhumé, le 10 février suivant, en l'église Saint-Martin, où il entrait le premier de sa famille. En travaillant dans le chœur à cette inhumation, on retrouva l'église inférieure, qui avait été établie, dans le principe, sous l'église du XIIe siècle. Les temples catholiques, par conséquent, n'avaient pas encore cessé, au siècle XII, de se bâtir à deux étages.

Les oratoriens s'étaient installés à Enghien-Montmorency, dans une maison qu'ils avaient fait rebâtir en 1693, parce qu'elle menaçait ruine; ils l'avaient agrandie en 1718, achetée définitivement au duc de Bourbon le 30 mai 1730, et achevée cinq années après. Plusieurs congréganistes avaient consacré leur fortune personnelle à l'extension de cet établissement, notamment les pères Brice, de Harlay et Fouquet. Ce dernier, bien que les bâtiments et les classes lui aient coûté environ 100,000 livres, n'est jamais venu voir son ouvrage.

Mais aussi fut-il un petit collége plus convenablement installé? Toute la maison, au pied de son église, était en bon air, et quelle vue ! Quel jardin aussi, et quels fruits ! Chez les révérends pères, il y avait un beau Christ, peint par Philippe de Champagne, dans la salle dits des Étrangers, et une bibliothèque assez considérable dont une portion se retrouve à Pontoise. L'emplacement de leur réfectoire est aujourd'hui le salon de M. Bridault. Succursale de Juilly, l'Oratoire de Montmorency était un foyer de lumières; les études de théologie et de philosophie y rayonnaient d'un vif éclat, pendant que les petites écoles de l'établissement élevaient le niveau de l'instruction locale.

Maintenant que nous savons la fin, pourquoi ne pas nous enquérir des moyens ? Voici l'addition par laquelle s'inaugurait l'année 1761, sur les livres de Louis-Gabriel Doé, procureur et économe de la maison :

	livres	sols	deniers
Revenu des biens-fonds affermés à Enghien et aux environs.	3369	»	»
Les dîmes d'Enghien rapportaient, année commune.	800	»	»
Celles de Montlignon.	200	»	»
Rapport de 6 arpens de vigne, année moyenne.	150	»	»
Item d'un petit jardin dit *des Obits* . .	24	»	»
Item d'un bois taillis.	120	»	»
Item d'une châtaigneraie.	20	»	»
Dû annuellement par le curé de Soisy 4 setiers de blé et 2 d'avoine, mesure d'Enghien.	68	»	»
Dû annuellement par les mathurins d'Enghien.	10	6	3
Item par Denis Luce	15	»	»
Item par Jacques Forget, de Deuil, au lieu de François Gillet	1	2	6
Item par Jean Pileux d'Enghien . . .	1	»	4
Item par la veuve Jacques Belland . .	5	3	»
Item par les ayant-cause de Jacques Riom.	10	»	»
Item par Charles Cornu	10	»	»
Item par l'Hôtel-Dieu d'Enghien. . .	20	»	»
Rente sur l'ancien clergé, grevée de l'obligation d'en prélever 30 livres par an, pour habiller un pauvre	40	2	6
Rentes sur les aides et gabelles. . . .	469	14	6
Rentes provenant tant de M. Pelletier des Touches que du R. P. Fouquet, prêtre de l'Oratoire, et, n'appartenant en propre ni à l'ancien chapitre ni au nouvel Oratoire, mais annexées aux biens de la maison, à la condition, qu'elles serviraient aux études des jeunes confrères oratoriens.	3,557	10	8
Total	8,890	19	9

Passer maintenant les charges sous silence, n'est-ce pas avouer que le cahier nous en manque? Il est bien venu à notre connaissance que les *charges ordinaires* s'élevaient à 2,394 livres 8 sols, 3 deniers. Mais le moyen de croire qu'à ce prix l'économe pouvait subvenir à tous les besoins ! Ne fallait-il pas entretenir et les neuf frères servants ou domestiques attachés au service des offices, dans l'église collégiale et paroissiale de Saint-Martin, et les deux professeurs de théologie, avec celui de philosophie, et enfin les jeunes confrères, qui ne se montraient pas affamés que d'études, mais que la misère de leurs parents empêchait pour la plupart d'être en état de payer pension ? Eh bien ! les frais considérables de cette nature ne figuraient pas même pour une obole dans le compte ouvert aux charges dites ordinaires. Celles-ci n'avaient pour objet que : 1° les réparations dues par les révérends, en leur qualité de fabriciens, à l'église, que les avantages de son site pittoresque exposaient en revanche à de grands vents ; 2° les réparations dues pareillement aux deux chapelles de la ville et à l'église de Montlignon ; 3° une rente de 9 livres, due au collége du Cardinal-Lemoine ; 4° enfin 160 livres, montant des intérêts d'une somme empruntée au conseil du T. R. P. le général de l'Oratoire.

De tous les jeunes oratoriens qui se fortifient de la sorte à Enghien, comme théologiens et philosophes, celui qui s'attache le mieux au toit hospitalier, au site et au pays est, sans contredit, frère Louis Cotte. Aussi revient-il de bon cœur y enseigner ce qu'il y a appris, après avoir été donné comme préfet au collége de Juilly. Ce physicien laborieux, qui doit rendre son nom cher à la science, commence par mériter la reconnaissance de la Vallée de Montmorency, par la découverte de ses sources d'eaux minérales, en 1766. L'année suivante, il est nommé vicaire sans changer de place. Montmorency alors a pour curé le révérend Muly, dont la figure osseuse et longue et le nez en angle très-aigu seront transmis à la postérité par un portrait des mieux gravés. Ce dernier n'a pas moins de quatre-vingts ans quand il est élu général de sa congrégation, malgré lui-même, comme ont été élus involontairement tant d'évêques au ve siècle ! Le père Cotte passe alors curé, et il ajoute ultérieurement à ses fonctions celles de supérieur.

Sa compagnie qui, depuis un siècle, a compté beaucoup d'autres savants, ne passe pas plus pour ultramontaine que les ci-devant écoles de Port-Royal. Andilly et Montmorency ne se touchent donc pas que topographiquement. Certains rapports de parenté relient la seigneurie dont le lait a nourri l'enfance du jansénisme avec cette seigneurie oratorienne qui, sous Louis XV, n'appelle déjà plus ses fiefs que des propriétés. Ne dirait-on pas que l'Oratoire devine dès lors la Révolution, avec laquelle on l'accusera plus tard d'être le seul ordre religieux qui pactise ? Ses séminaires, à leur insu ou avec une rare discrétion, sont le berceau de la constitution civile du clergé.

Le bailli Louis le Laboureur n'avait-il pas obtenu autrefois, du duc de Montmorency, que l'ancien emplacement de la forteresse fît corps avec son fief de Châteaumont ? Grâce à l'influence du père Cotte, la vieille tour seigneuriale, qui se trouvait enclavée dans les jardins de l'Oratoire, fait définitivement partie de cette propriété, en vertu d'un acte notarié du 25 avril 1786.

Il y a à la mairie de Montmorency une vue des bâtiments de l'Oratoire, prise du jardin, dédiée au très-révérend père Merlet, supérieur, par ses confrères de 1787. Cotte, à cette date, était en possession du canonicat de Laon, dont on l'avait pourvu quatre ans auparavant. Or, il faut bien l'avouer, la vocation religieuse n'était guère pour lui qu'un moyen, au lieu d'un but : moyen d'étudier et d'écrire à loisir. Si Cotte avait vécu de nos jours, il eût été ou bibliothécaire, ou professeur de l'Université, plutôt qu'ecclésiastique. Honnête homme, à coup sûr, et qui n'a jamais eu la moindre envie de rire sous cape, mais dont le front n'était pas à la mesure de l'auréole du martyre! A peine convaincu de jansénisme, il se trouve tout à coup en face de la Révolution, après avoir surtout approfondi à l'Oratoire l'astronomie, l'agronomie, les mathématiques, la physique. Sa chère congrégation est dispersée; on a confisqué tous ses livres ; les bâtiments de l'Oratoire, devenus propriété nationale, vont être vendus et démolis. Les mausolées d'Anne de Montmorency et de toute cette famille illustre sont injurieusement arrachés de l'église qu'elle a fait élever. Quoi ! les dépouilles mortelles du Cte de Charolais, apportées à Montmorency le 2 août 1760, n'ont pas assouvi la colère des profanateurs? La tombe du grand Condé, publiquement violée, se rouvre pour laisser voir un corps bien conservé, pareil à sa statue de marbre; la main droite, qui a tenu une épée si vaillante, se laisse prendre l'anneau d'or que sa mère, Charlotte de Montmorency, lui a passé au doigt, et qui a été presque un sceptre. Cotte voit le père Bruneau, vigneron, en toute hâte reçu prêtre, et qui se prétend chef des jansénistes de Montmorency, dire la messe en son lieu et place à Saint-Martin! Que faire? Le bonhomme prête serment à la constitution civile du clergé, en 1791, et reprend la cure de Montmorency. Il est encore curé et administre gratuitement l'hospice de Montmorency, lorsque la Convention distribue, en l'an III, des secours aux gens de lettres et aux savants; comme astronome, il reçoit 3,000 livres; par malheur, c'est en assignats.

L'ancien oratorien finit par renoncer à la carrière ecclésiastique ; il épouse la fille de Marotte du Coudray, ci-devant conseiller au Châtelet de Paris, et qui a eu long-temps sa maison de campagne à Montmorency. On le fait nommer conservateur adjoint à la bibliothèque ci-devant de Sainte-Geneviève jusqu'en l'année 1802. Correspondant de l'Institut, aussitôt que l'Institut existe, Cotte publie nombre de mémoires remplis d'érudition, et avant de mourir, au commencement de la Restauration, il colla-bore successivement au *Journal des savants*, au *Journal de physique*, au *Journal général de France*.

Encore un des plus brillants élèves qu'ait formés le même Oratoire, c'est Daunou. Il finit ses études pour prendre la qualité de professeur dans la maison, vers 1780, et, comme prêtre, il adhère ensuite à la constitution civile du clergé. Député à la Convention par le Pas-de-Calais, il ne craint pas de voter pour que Louis XVI soit jugé par une haute-cour nationale ; ensuite il se prononce, malgré les vociférations et les menaces qui partent de la tribune des clubs, pour la déportation, et non pour la peine capitale. Proscrit, puis détenu pendant treize mois, il rentre aux affaires après le 9 thermidor ; il présente la Constitution de l'an III, comme membre de la commission des onze, et en soutient la discussion à la tribune. Il contribue à l'or-ganisation de l'Institut, auquel est attaché comme corres-pondant son ancien maître, le père Cotte ; puis il est pré-sident du conseil des Cinq-Cents. C'est lui qui appelle encore Cotte à la bibliothèque du Panthéon, dont il est l'administrateur. Après le 18 brumaire, il est membre du Tribunat, qui bientôt a le sort du conseil des Cinq-Cents. Enfin on le nomme professeur au Collége de France et directeur du *Journal des savants*. Avant de renaître à la vie politique, comme député, en 1819, il reçoit un très-beau portrait de Massillon, que lui lègue son ancien confrère et maître, le père Cotte.

Απλανος est toujours la devise incrustée dans la voûte de l'église des Montmorencys. Mais que lui reste-t-il des tombes dont elle était pavée? Une dalle est la seule qui ait conservé même un nom. Où sont-ils les vitraux sur lesquels étaient peints jusqu'à des Chatillon, à côté des Condés et des Montmorencys? Heureusement on retrouve une partie des membres de cette dernière famille sur les vitraux qui lui ont survécu : il y a le côté des hommes, auquel appartiennent deux fenêtres; deux autres fenêtres sont le côté des femmes. Quelles vives couleurs, quel ocre et quel carmin nous retracent aussi, sur le verre, au-dessus du maître-autel, le martyre de saint Félix et le partage du manteau de saint Martin! On dirait que c'est peint d'hier. Que si très-peu de tableaux ornent aujourd'hui les murs de Saint-Martin, on remarque cependant la naissance de saint Jean-Baptiste, par Jules Saivres. Le joli lustre qui pend dans le chœur est un don de Mme Hennequin, femme de l'avocat.

Une chapelle de l'église appartient à une œuvre exclusivement polonaise, depuis le 11 juillet 1845. Deux généraux y sont sculptés en pierre, qui semblent veiller encore sur les cendres de Polonais, dont le dépôt a été confié à la chapelle. Un prêtre arménien vient y dire quelquefois la messe. Depuis la fondation, le 21 mai de chaque année, ou le lendemain, si le 21 tombe un dimanche ou un jour de fête réservée, il est célébré un service pour le repos des âmes de tous les Polonais morts en exil. Les deux personnages reproduits par la statuaire sont le lieutenant-général Kniaziewicz, dont le nom figure sur l'arc-de-triomphe de l'Étoile, et le général Niemcewicz, poète en même temps que militaire. L'un et l'autre ont été longtemps habitants de Montmorency ; l'*Encyclopédie des Gens du monde* leur a consacré une notice.

Quelle place était mieux marquée en cette chapelle, et aussi légitimement place d'honneur, que celle du vénérable chef de l'émigration, le prince Czartoriski, mort à Montfermeil le 15 juillet 1861 ? Mais il n'eut à Montmorency que sa sépulture provisoire, pendant quatre ans, avant d'être emporté en son château de Scienawa, dans la Gallicie autrichienne. La princesse Czartoriska, après avoir si bien, avec ce prince, fait les honneurs de leur hôtel Lambert, ne lui survécut que peu d'années, et ses restes inanimés quittèrent bien vite Montpellier pour suivre ceux de son mari à Montmorency, puis plus loin.

Le cimetière de la ville avait reçu quelques mois avant, au milieu de l'année 1864, le corps du général Dembinski, dont le commandement s'était exercé en Pologne après la révolution de Juillet, en Hongrie après la révolution de 48.

L'église de Montmorency a perdu bien des reliques depuis la fermeture de l'Oratoire. Toutefois elle a conservé un morceau du bras de saint Martin et des reliques de saint Félix, dont elle s'est enrichie il y a bien longtemps. A la prière de la reine Henriette d'Angleterre, on ouvrit cette châsse pour lui donner un doigt du saint. Le jour de la Saint-Félix, grande fête pour Montmorency, le chapitre avait par exception droit de justice. En revanche, les habitants de la paroisse de Saint-Félix, située entre Creil et Beauvais, envoyaient ce jour-là une députation qui avait seule le droit de faire procession avec la châsse par les rues de la vieille ville.

Saint-Martin de Montmorency a été classé comme monument historique en 1838.

Les Condés. — Songèrent-ils jamais à relever un manoir seigneurial que les Montmorencys eux-mêmes avaient abandonné? L'avant-dernier connétable de cette race, Anne, avait pris en affection le château d'Écouen, et les Condés ne dissimulèrent pas plus leur prédilection pour Chantilly, qui avait aussi fait partie du domaine des Montmorencys. Chantilly avait sur Versailles cet avantage de ne pas s'être créé tout d'un coup; c'est pourquoi Louis XIV lui-même enviait au prince de Condé un château qu'il n'avait pas eu à improviser, comme un parvenu son blason. Néanmoins Bourges avait le dessus en tant que résidence ordinaire du premier des princes du sang royal qui ait été duc de Montmorency, et de sa femme, une petite-fille du connétable Anne. C'est même chez les jésuites de Bourges qu'ils faisaient élever celui de leurs enfants qui gagna la bataille de Rocroy à vingt-deux ans, le grand Condé !

Le vainqueur de Rocroy a déjà illustré le nom de B^{on} d'Enghien, quand Louis XIV, par lettres patentes de septembre 1689, confère la même dénomination à l'ancien duché-pairie des Montmorencys, dont il confirme la translation à la famille du premier prince du sang. Enghien, qui n'est nullement un titre nouveau pour le XVIIe siècle, fait partie du nom des Condés, depuis que Louis de Bourbon, prince de Condé, a reçu de son frère aîné, Antoine de Bourbon, roi de Navarre, non pas la terre, mais le nom de la première baronnie du comté de Hainaut. La baronnie était entrée dans la maison de Bourbon en 1485, par le mariage de Marie de Luxembourg avec François de Bourbon, Cte de Vendôme, et celui-ci avait vendu Enghien à Charles de Ligne, Cte d'Arenberg; seulement, le titre de baron d'Enghien était resté en France, par son transfert à Nogent-le-Rotrou, à Issoudun, puis à Montmorency, car la ville de Montmorency, sous Louis XIV, change de nom comme le duché.

Son altesse sérénissime, Henri-Jules, prince de Bourbon-Condé, duc d'Enghien, premier pair de France, et de plus fils du grand Condé, garde la qualité de *seigneur direct de tous les bourgs et dépendances*, qui se transmet avec le titre. Mais la force de l'habitude fait qu'on dit plus souvent Montmorency qu'Enghien, n'en déplaise au grand roi. Ainsi Louis-Auguste de Bourbon porte, en 1708, les titres suivants : « Par la grâce de Dieu, prince souverain de Dombes, duc du Maine et d'Aumale, duc de Montmorenci, comte d'Eu, pair de France, commandeur des ordres du roy, colonel-général des Suisses et Grisons, gouverneur et lieutenant-général pour S. M. dans ses provinces du haut et bas Languedoc, grand-maître et capitaine-général de l'artillerie de France. »

Un autre prince de Condé, Louis-Joseph de Bourbon, remporte pendant la guerre de Sept-Ans la victoire de Johannisberg. Mais il ne se distingue pas que par des talents militaires. En temps de paix, il se montre si bon prince que MM. de l'Oratoire obtiennent son agrément pour encloîtrer la fameuse tour, au pied de laquelle a été reconnue tant et tant de fois la suzeraineté qui remonte au premier des Burchards. Plus de tour, partant plus de glèbe ! Voilà du moins le dernier duc auquel il sera payé du cens, des lods et ventes, dans le duché de Montmorency, bien qu'il ait non-seulement un fils, mais encore un petit-fils, le duc d'Enghien, qu'une rue de Paris reconnaît pour parrain depuis qu'il a vu le jour à Chantilly en 1772. L'armée de Condé, commandée par l'aïeul, ne perdra pas le petit-fils avant 1804, et chacun sait dans quelles circonstances.

LE CHATEAU. — Charles Lebrun, ce dictateur de l'art,

compta l'un après l'autre pour protecteurs Mazarin, Fouquet et Colbert. Il était donc premier peintre du roi et directeur de ses manufactures, et il avait son logement aux Gobelins, outre un traitement considérable. Sa maison de campagne à Montmorency en comportait deux, dont l'une ancien fief de Thionville. Un maître qui avait peint de si beaux plafonds dans les châteaux de Versailles, de Sceaux et de Vaux, pouvait-il ne pas concourir à l'ornementation du sien? Avec cela qu'il se gênait beaucoup pour corriger Le Nôtre, comme un petit écolier, après lui avoir fait dessiner et son parc et son jardin. D'ailleurs, où se taillait-il, où se coloriait il, où s'élevait il quelque chose de tant soit peu grand ou prétentieux, dont le plan n'eût été visé, sinon dessiné par Lebrun?

Son terrain n'avait, il est vrai, ni la même contenance ni la même configuration quand son installation fut terminée qu'au moment où il avait acheté de M. Fardoil. La preuve, c'est que Louis de Bourbon, prince de Condé, avait permis un jour à Lebrun de débarrasser d'une ruelle et d'un abreuvoir sa maison, sise au bas de la ville, en les reportant un peu plus haut « le long des héritages qu'il avait nouvellement acquis. » Le peintre avait de plus obtenu en 1675 l'autorisation de faire passer derrière la plus ancienne de ses deux maisons une route qui passait jusque-là entre l'une et l'autre : notez pourtant que ce n'était rien moins que le grand chemin de Montmorency à Saint-Denis.

Quand Colbert eut cessé de vivre, Mignard se trouva protégé efficacement par M. de Louvois, et ce fut à son tour de jouir des faveurs et de l'influence qui échappaient à son rival Lebrun. La santé de celui-ci, qui s'était relégué de dépit à Montmorency, s'en ressentit défavorablement, et, comme il n'avait plus à opposer que le silence et la résignation à l'envahissement des mignardises, ses jours en furent abrégés.

Son légataire universel, Charles Lebrun, seigneur des Ports, ne vendit que plusieurs années après à Pierre Crozat. Ce financier, une fois dans le château, s'y qualifia d'abord seigneur du fief de Bagues, puis seigneur du fief de Thionville ; et sous le même nom, en effet, le prince Henri-Jules de Bourbon-Condé consentit à ériger en fief, dans le courant de l'année 1709, un nouveau bâtiment, que Crozat avait fait élever près de l'ancien, et d'autres constructions qu'il se proposait de faire sur des terrains nouvellement achetés. Cartaud, son architecte, avait renouvelé et augmenté les bâtiments, sans se montrer plus avare de modifications et d'embellissements pour les jardins. La description du château, ainsi refait, nous a été laissée dans un *Voyage pittoresque des Environs de Paris*, par d'Argenville, qui s'exprime en ces termes :

« *Cartaud* a donné le dessin du bâtiment, qui ne forme qu'un corps de logis. De grands pilastres Corinthiens en règlent l'Architecture : ils embrassent deux étages et sont élevés sur un piédestal, dans la hauteur duquel on a ménagé des ouvertures qui éclairent le soubassement placé sous le rez-de-chaussée : cet Ordre est couronné par une corniche architravée et par une balustrade.

» Du côté de l'entrée, se présente un vestibule, qui précède un salon à l'Italienne, percé dans la hauteur des deux étages, et couvert en dehors par une calotte. Sa décoration intérieure consiste en pilastres Corinthiens surmontés de Caryatides. *La Fosse* a peint, dans la coupe, *Phaéton demandant à son père la conduite de son char*. Au-dessus du vestibule est placée la Chapelle, très-bien décorée, sur les dessins de Le Gros, qui a sculpté à l'Autel une Gloire céleste.

» Les jardins doivent leurs principales beautés à Le Brun, leur ancien maître. Il semble que l'ombre de ce grand Peintre se plaît encore dans ces mêmes lieux où le génie lui prodigua ses trésors, et lui communiqua tant de lumières, qu'il en eût assez pour éclairer les arts, que Louis XIV avait tous subordonnés à son premier Peintre. On trouve d'abord une terrasse soutenue d'un talus, au bas duquel sont deux pièces de parterre et un bassin terminé par une seconde terrasse du côté de la Campagne. Sur le côté droit est un boulingrin, suivi d'un autre, de forme ronde, avec un bassin. Vous voyez en face la serre de l'Orangerie, dont le plan est circulaire : élevée par Oppenord, elle est décorée de trois arcades à bandes, avec des masques à leur clef. Un Amour, monté sur un lion, fait l'amortissement de la principale arcade. Plus haut est un petit jardin fermé, servant d'Orangerie. On aperçoit à côté un très-joli bâtiment entouré de portiques et bâti par Le Brun, qui y a peint quelques morceaux. Ce bâtiment a une vue sur une grande pièce d'eau à pans : au-dessus et à côté, sont différentes salles, et une grotte ornée de fontaines, et d'une rangée de nappes formant une petite cascade, dont le réservoir est une pièce d'eau échancrée qui se trouve dans le haut du jardin. En face de la maison, au-dessous de la cour, il y a une pièce d'eau octogone, dite de la Laitière, entourée de quinconces. »

Or, il n'y a pas qu'un seul Crozat. Le premier, dit Crouzat le Riche, était un financier, pourvu par monopole du commerce de la Louisiane ; il s'était fait bâtir un hôtel, place Vendôme, et il avait pour gendre le Cte d'Évreux, de la maison de Bouillon, colonel de la cavalerie légère. Mariette a fait le catalogue du cabinet d'estampes et de médailles de cet opulent personnage ; les médailles, acquises sous la Restauration par le duc d'Orléans, ont été revendues publiquement en 1853. Crozat le Pauvre était ainsi appelé parce qu'il possédait un peu moins de millions que son aîné ; il demeurait rue Richelieu, dans l'un des hôtels que sa fille apporta à son mari, le duc de Choiseul. En 1754, c'est le cadet, beau-père de M. de Choiseul, qui possédait le château proprement dit, anciennement fait pour Le Brun, et M. Crozat du Chastel, fils de l'aîné, avait un tout petit château, construit après le grand, dont néanmoins il dépendait. Ajoutons, entre parenthèses, que M. Duchâtel, ministre de Louis-Philippe, nous a tout l'air de descendre des Crozat.

La duchesse de Choiseul vendit au maréchal et à la maréchale de Montmorency-Luxembourg la jouissance viagère de cette magnifique propriété. Mais puisque revient ici un nom de famille se rattachant par un nouveau lien à l'histoire de la ville qui nous occupe, force nous est de remonter à la souche de la branche de Montmorency-Luxembourg.

Le jeune Boutteville, qu'Henri II de Montmorency n'avait pu faire héritier que de son nom, avait du moins gardé la protection et l'affection de la sœur du défunt, princesse de Condé. Aide de camp du fils de Charlotte, il se produisit à la cour et il épousa l'héritière de la maison de Luxembourg, petite-fille elle-même d'un Montmorency ; de la réunion des blasons résulta aussitôt la liaison des deux noms. Une fois duc et maréchal de Montmorency-Luxembourg, Boutteville acquit de la gloire pour son compte, et le prince lui-même s'en émut. Un jour que, par hasard, la victoire n'était pas restée du côté de son ancien aide de camp, Condé ne craignit pas de dire de Luxembourg, qu'il venait de faire l'éloge de Turenne mieux que Mascaron et Fléchier. Ce fut bien pis lorsqu'une surprise de signature et des fréquentations suspectes eurent fait passer le maréchal pour le complice de deux célèbres empoisonneuses, la Voisin et la Vigoureux. Louvois, son ennemi personnel, lui conseilla de prendre la fuite ; mais le duc se rendit lui-même à la Bastille. Une chambre, tribunal d'exception, avait été créée à l'Arsenal, en 1679, pour connaître de ces crimes d'empoisonnement, qui se multipliaient à l'infini depuis plusieurs années ; là comparut le duc, qui avait réclamé en vain, comme pair de France, la faculté d'être jugé par le parlement ; il fallut, pour l'absoudre, l'arrêt du 14 mai 1680, prononcé après quatorze mois de détention. Le roi, qui l'exila d'abord, n'accepta de nouveau ses services qu'avec le grade de capitaine des gardes. Remis en possession de son bâton de maréchal, il remporta une victoire à Fleurus et il mourut en 1695, plus chrétien qu'il n'avait vécu. Il existe un portrait, par Hyacinthe Rigaud, dudit maréchal François-Henri de Montmorency, duc de Piney-Luxembourg ; une gravure, qui le reproduit, se trouve à la mairie de Montmorency, auprès de celle qui représente Henri II, son père. Comme il avait l'épaule droite un peu plus élevée que la gauche, le prince d'Orange disait : — Je ne pourrai donc jamais battre ce bossu-là ? — Bossu ! répondait de loin le maréchal, comment le sait-il, lui, qui ne m'a jamais vu par derrière ?

Un des fils de ce fondateur d'une des branches de Montmorency a porté le nom de prince de Tingri, avant de s'appeler comme son père ; le roi l'a nommé maréchal le 14 juin 1734. Charles-François-Frédéric de Montmorency-Luxembourg, neveu du précédent, capitaine des gardes du corps du roi, gouverneur de la Normandie, puis maréchal de France, était né en 1702. Aide de camp de Louis XV en 1741, il se distingua en Bohême, et dans les Pays-Bas après cela. Le 22 mai 1756, il assista, par ordre du roi, à l'assemblée du parlement de Rouen, et il y fit rayer plusieurs arrêts de cette cour, en vertu d'un principe que Louis XIV avait posé bien jeune : « Le parlement, c'est moi. » Il avait épousé d'abord Mlle de Colbert-Seignelay, de laquelle il avait eu la princesse de Robecq et Anne-François, duc de Montmorency-Luxembourg. Uni en secondes noces à Mlle de Villeroy, déjà veuve du duc de Boufflers, il déserta Grosbois, résidence favorite de sa famille, pour passer désormais l'été à Enghien-Montmorency.

D'autre part, la famille de Luxembourg avait porté, comme nous le disons plus haut, le nom d'Enghien bien avant les Condés.

Un Montmorency-Luxembourg pouvait donc se croire chez lui, dans le pays, soit qu'il l'appelât Enghien, soit qu'il l'appelât Montmorency.

Au milieu du xviiie siècle, la Vallée de Montmorency était le rendez-vous d'une société de beaux-esprits, hommes aimables et femmes charmantes, dans le commerce desquels le génie lui-même, maître à tous, avait quelque chose à gagner. Pendant que les meutes du prince de Condé battaient la forêt à grand bruit, une chasse à courre, alors plus à la mode traquait l'esprit au lieu de cerf, et les heureux chasseurs du gibier de toutes les saisons étaient d'Holbach, Diderot, Lauraguais, Marmontel, Laujon, Tressan, d'Alembert, Soubise, Galiani, Grimm, Francueil, Saint-Lambert et le maréchal de Luxembourg. Les hôtes lettrés de la contrée étaient des gens de goût, qui ne se grisaient pas à fond de train comme avaient fait les amis de Chapelle, soit à Auteuil, soit à la Croix-du-Maine ; ils ne réglaient à table ni leur vie, ni leur poésie, ni leurs affaires, et toutefois la délicatesse y modérait toujours l'intempérance. Sophie Arnould, quoique toujours la maîtresse de l'un d'eux, n'était avouée réellement qu'à Paris, et Mmes de Luxembourg, d'Épinay, d'Houdetot, de Lismore étaient pardessus tout des muses.

Quand Jean-Jacques Rousseau fut des leurs, il ne profita qu'imparfaitement de la haute raison qui résidait au fond de leur esprit, et il s'humanisa en apparence, tout en jetant le trouble et l'inquiétude de l'imprévu dans une société qui lui doit, en revanche, son immortalité. C'était un aigle cherchant partout son aire. Philosophe insociable, il frayait tout à coup avec la meilleure compagnie ; glorieux, il apprenait qu'on peut fuir l'attention publique, ou tout au plus l'attendre à la campagne ; téméraire novateur, il voyait ce qu'on gagne de sécurité et de force à ne pas heurter de front toutes les opinions de son époque. La maréchale de Luxembourg avait bien, elle aussi, l'inégalité de l'humeur ; mais elle était l'arbitre des bonnes manières, et son envie de se faire remarquer la portait à l'extrémité de l'élégance, sans affecter l'étrangeté du costume. Rousseau avait un nom, son propre ouvrage ; mais elle avait su faire et défaire plusieurs renommées qui paraissaient à un moment donné bien plus couramment acceptées. Ses tête-à-tête familiers avec lui la rendaient plus sévère pour elle-même, et l'âge plus dévote ; mais elle assouplissait à force d'esprit le caractère mal fait de l'homme de génie, tant qu'elle le tenait.

Au reste, Mme de Luxembourg avait été dame du palais de la reine, dans le moment du mariage de Louis XV ; elle connaissait la cour, où la génération des roués lui avait si bien fait la cour, et, s'il y avait une chose que le second mari pût envier au premier, ce n'était pas la cause première des petits vers du Cte de Tressan qui commençaient par celui-ci :

<small>Quand Boufflers parut à la cour...</small>

Le château d'Enghien appartenait à la D^{sse} de Lorges, au moment de la Révolution. Il fallut se cacher, à la mort de cette dame, pour lui rendre les honneurs suprêmes ; le service eut donc lieu la nuit et aux flambeaux. Guédon, au fort de la disette, acheta la propriété, pour y semer des pommes de terre, et l'édifice tomba dans l'abandon.

Un jour que le Cte Aldini, Italien qui avait vendu son pays à Napoléon, se trouvait à Saint-Leu en même temps que lui, ils remarquèrent dans le lointain un château qui se dressait à Montmorency, près de l'aiguille de la vieille église, et l'empereur, quand il eut appris par Aldini que cette propriété était à vendre, lui suggéra l'idée d'en faire son tourne-bride. C'est pourquoi, en 1813, le ministre Aldini achetait le château et y mettait pour 700,000 fr. de meubles et de peintures. Le chargé d'affaires italien l'habita deux mois, voilà tout ; seulement il avait eu le temps d'y recevoir l'empereur et l'impératrice à dîner. Les alliés, en 1814, dévastèrent le parc et le château. L'année suivante, on offrit à Louis XVIII, puis au duc de Montmorency, ce beau domaine, encore digne d'un ministre et même d'un roi ; ni l'un ni l'autre n'en accepta la charge. Un chaudronnier de la rue des Tournelles, près la place Royale, à Paris, et dont le nom était Benech, se montrait plus accommodant : il ne donnait vraiment 103,000 francs que du terrain ; mais, par-dessus le marché, il prenait la bâtisse, pour la vendre pièce à pièce, une fois démolie. Adieu donc au château de Lebrun !

Par exemple, les bons paysans de Montmorency ne veulent pas entendre de cette oreille-là : il leur faut un château quand même! Retournons donc à la Grange-Chambellan, où nous avons laissé l'échevin Piat, à qui les Parisiens ont dû l'établissement, sur les deux rives de la Seine, des premiers bureaux de secours pour les noyés et les asphyxiés. De temps immémorial, il y avait eu par là des granges, soit au Bon de Montmorency, soit aux chanoines décimateurs, pour servir d'entrepôt aux dîmes ou à d'autres redevances en nature. Filles et femmes se signaient, au faubourg Saint-Valéry, en passant devant la croix des Granges. Il se peut même aussi, comme on le dit, que les granges du maréchal de Luxembourg aient été postérieurement du même côté. Ce qui n'empêche pas le poète Aignan d'avoir eu, dans l'un de ses deux parcs, sous Louis XVIII, une portion de l'ancien jardin du maréchal. Aignan tenait d'autre part la place de M. Piat, dans l'ancien fief de la Grange-Chambellan. Ajoutons que, se trouvant propriétaire à droite et à gauche de la rue de la Poterne, il avait jeté un pont sur cette rue. N'y en avait-il pas assez pour qu'on répondît à tous ceux qui demandaient la demeure du poète : — Vous le trouverez au château... Il était auteur d'une *Histoire du Jury* et de différentes tragédies, traducteur d'Homère, journaliste, et pourvu du fauteuil académique de Bernardin de Saint-Pierre; il avait donné une édition des œuvres de Jean-Jacques Rousseau, et les épreuves en avaient été corrigées dans la maison de l'Ermitage, près de laquelle un châlet lui appartenait aussi.

Après Aignan, en 1825, est venu Kessner, caissier du Trésor et maire d'Enghien, comme on disait alors : *lisez* Montmorency. M. Kessner a fait percer les rues et restaurer l'hospice de la localité, aux dépens du Trésor public! car, après s'être montré compatissant à toutes les misères, prévoyant pour tous les besoins, il a été déclaré banqueroutier, et l'État a confisqué tous ses biens en 1830.

Par conséquent, c'est de l'État que le Cte de Berteux a acheté l'ancienne maison de campagne d'Aignan. Le successeur de M. de Berteux est le fameux décorateur Séchan, qui fera bien de regarder comme un héritage de famille tout ce qui peut encore, dans le moins grand de ses parcs, rappeler l'occupation de Lebrun.

La maison même du peintre de Louis XIV s'élevait sur le territoire d'une belle villa d'aujourd'hui à Mme Constant-Prévost, veuve d'un géologue distingué : la grille de cette villa s'est ouverte autrefois pour les nombreux hôtes de la famille Crozat.

L'ancienne orangerie du château, transformée en grand bâtiment d'habitation, appartient à M. Chériot, ainsi que l'une des pièces d'eau vantées par d'Argenville. Cette propriété garde aussi, près de l'abreuvoir, une petite porte, qui a protégé la fuite nocturne de Jean-Jacques, décrété de prise de corps, et conduit sur la route de Suisse par le vieux maréchal de Luxembourg.

Jean-Jacques Rousseau. — Il quitta, le 9 avril 1756, l'hôtel du Languedoc, situé à Paris, rue de Grenelle-Saint-Honoré, pour venir se fixer, avec sa gouvernante, Thérèse Levasseur, à Montmorency, dans un ancien logement de garde-chasse que, sur sa demande, le Mis d'Épinay avait fait arranger pour lui. C'était au lieu dit l'Ermitage, où ne s'élevait alors que la maison restaurée pour le Génevois, à l'ombre des magnifiques châtaigniers qui dominent encore cette extrémité de la ville. Charlotte de Montmorency, princesse de Condé, avait concédé des eaux, le 1er mars 1648, à d'Hémery, surintendant des finances, propriétaire des châteaux de la Chevrette et de la Barre; des aqueducs avaient été construits, pour les conduire, et c'est à l'endroit précité qu'au milieu du xviiie siècle avait été placé le réservoir, à proximité d'une fontaine. Un peu plus tard, en 1659, un ermite, nommé Leroi, s'y était fait bâtir une chapelle, avec le concours de Lebret, autre cénobite, et il l'avait vendue, en 1698, à l'un des membres de la famille du Plessis-Richelieu, après l'avoir habitée trente-neuf ans. L'année 1716, le prince de Condé en était devenu possesseur, et Mathas, procureur fiscal de Son Altesse, l'avait à sa disposition six ans plus tard. Enfin, dès 1735, l'Ermitage faisait partie des propriétés de M. de Bellegarde d'Épinay, seigneur de la Barre et de la Chevrette, père du Mis d'Épinay. Cinq chambres, une cuisine, un jardin et un potager, audit Ermitage, avaient été disposées lestement, parce qu'un jour, en se promenant avec Mmes d'Épinay et d'Houdetot, à l'ombre des grands châtaigniers, Jean-Jacques s'était écrié : — Ah ! mesdames, que je serais bien là ! Je ne retournerais plus à Genève.

Rousseau avait sans doute commencé par aimer Mme d'Épinay ; mais Francueil et puis Grimm avaient contribué tour-à-tour à dépiter cet amour malheureux. Elle se contentait de prodiguer à l'écrivain les soins d'une hospitalité qui eût comblé ses vœux si le bonheur eût été compatible avec cette nature réfractaire. Le pavillon de l'Ermitage lui offrait bien le calme inexpugnable qui est favorable à à l'étude, et une société aimable embellissait encore le voisinage, pour les délassements de son esprit. L'auteur du *Devin du Village* y copiait le matin de la musique, que les grands seigneurs lui achetaient, et il ne se mettait à écrire des livres qu'après avoir gagné la vie de la journée ; de même il y avait eu des sages, dans l'antiquité, qui puisaient de l'eau la nuit, afin de pouvoir philosopher le jour.

Mme d'Houdetot souffrit plus patiemment que la marquise, sa sœur, les égarements de la passion qu'elle avait inspirée au philosophe ; mais ce n'était pas pour jouer avec le feu. Sa bonté consolante cherchait au mal un remède qui ne fût pas de l'empirisme, et elle n'entrevoyait peut-être aucune fin qui fût digne de répondre à l'éloquence des moyens mis en jeu. Si l'amant place trop haut ce qu'il espère, le but est dépassé, et comment lui avouer qu'il faut revenir en arrière ? Il y a un purgatoire placé entre le doute et l'espérance, au seuil duquel se traduisent en faiblesses les élans d'une passion qui ne peut plus vivre que d'excuses. Justement les deux sœurs avaient un trésor d'indulgence pour toutes les faiblesses de Rousseau, que la pitié révoltait comme la haine. L'amour qui était né dans la Vallée produisit un chef-d'œuvre, *la Nouvelle Héloïse;* Mme d'Houdetot était Julie. Cet excellent modèle avait posé lui-même, devant le peintre, à l'Ermitage, où Mme de Warens et les Charmettes n'étaient plus qu'un souvenir vague et lointain. Mais jaloux de Saint-Lambert, dont il n'avait pu prendre la place dans le cœur de Mme d'Houdetot, l'hôte de Mme d'Épinay finit par se targuer d'une franchise et d'une dignité qu'on ne mit plus sur le compte de l'amour. Une lettre anonyme que reçut Saint-Lambert, dût lui être attribuée, et il fut accusé de la plus folle ingratitude quand la marquise reprit son pavillon.

Il reste encore à l'Ermitage un rosier qui, dit-on, a été planté par Rousseau, un grand nombre des tilleuls d'une allée qu'il a célébrée, et diverses autres traces de son mémorable passage. La maison appartient aujourd'hui à Mme Cuvillier, qui, de l'autre côté du jardin, a fait surgir tout un château. La châtelaine de fraîche date n'a-t-elle pas osé plus encore, en établissant dans l'ancienne habitation du philosophe, à l'Ermitage même, une chapelle où la messe tous les jours se dit pendant l'été? Jean-Jacques, malgré son esprit fort, n'a-t-il pas reculé devant de moindres contrastes? La C^{esse} de Chaumont, qui a précédé là Mme Cuvillier, s'est contentée de transformer en une salle de billard la chambre du grand homme, au rez-de-chaussée. Un ancien avoué, M. Huet, vendeur de Mme de Chaumont, a emporté les meubles de cette pièce, naguère fort petite, où ils étaient restés depuis 1758 jusqu'en 1853. Ce mobilier très-simple se composait de deux lits, celui de Rousseau et celui de Thérèse, d'une petite table de travail, d'un grand fauteuil, d'un vieux portrait de Rousseau au pastel, de deux vieux rideaux à ramages et de deux vastes cylindres de verre qui servaient à garder la lumière de tout vent, lorsque l'auteur travaillait le soir, et en plein air, à *la Nouvelle Héloïse*. Non loin de la grille, dans le jardin, quatre peupliers sont plantés devant une niche fermée par une vitre, où est placé le buste de Rousseau. Le mur dans lequel s'ouvre cette niche est tapissé de lierre, et domine une plate-bande entièrement plantée de pervenches, fleurs que l'écrivain aimait tant! On lit sur le piédestal du buste ces vers de la M^{ise} d'Épinay :

> O toi, dont les brûlants écrits
> Furent créés dans cet humble Ermitage,
> Rousseau, plus éloquent que sage,
> Pourquoi quittas-tu mon pays?
> Toi-même avois choisi ma retraite paisible ;
> Je t'offrois le bonheur, et tu l'as dédaigné.
> Mais qu'ai-je à retracer à mon âme sensible ?
> Je te vois, je te lis, et tout est pardonné.

Le maréchal de Luxembourg et sa seconde femme avaient acheté non-seulement le grand château des Crozat, mais encore leur petit château, dans lequel ils offrirent provisoirement une hospitalité princière à l'exilé de l'Ermitage. Ils y eurent les prémices de la *Nouvelle Héloïse*. La maréchale conçut même le projet d'élever un des enfants que Jean-Jacques avait eu de Thérèse; mais à aucun signe on ne put les reconnaître aux Enfants-Trouvés. Le philosophe parle ainsi de son séjour dans le petit château : « C'est dans cette profonde et délicieuse solitude, qu'au milieu des bois et des eaux, au concert des oiseaux de toute espèce, au parfum de la fleur d'oranger, je composai dans une continuelle extase le cinquième livre de l'*Émile*, dont je dus en grande partie le coloris assez frais à la vive impression du local où j'écrivais. »

Il s'installait bientôt aux frais du maréchal dans une maisonnette appelée le petit Montlouis. Grand et petit faisaient anciennement partie des dépendances de l'ancien château, et avaient été érigés en fief pour la famille Mathas, propriétaire aussi de l'Ermitage avant M. de Bellegarde. Rousseau disait : « Mon hôte, M. Mathas, qui était le meilleur homme du monde, m'avait absolument laissé la direction des réparations de Montlouis, et voulut que je disposasse de ses ouvriers, sans même qu'il s'en mêlât. Je trouvai donc le moyen de me faire d'une seule chambre un appartement complet, composé d'une antichambre et d'une garde-robe. Au rez-de-chaussée étaient la cuisine et la chambre de Thérèse. Le donjon me servait de cabinet, au moyen d'une cloison vitrée et d'une cheminée qu'on y fit faire ; je m'amusai, quand j'y fus, à orner la terrasse qu'ombrageaient déjà deux rangs de de jeunes tilleuls ; j'y en fis ajouter deux pour faire un cabinet de verdure. J'y fis poser une table et des bancs de pierre ; je l'entourai de lilas, de seringa, de chèvrefeuille ; j'y fis faire une belle plate-bande de fleurs, parallèle aux deux rangs d'arbres, et cette terrasse, plus élevée que celle du château, dont la vue était au moins aussi belle (et sur laquelle j'avais apprivoisé une multitude d'oiseaux), me servait de salle de compagnie pour recevoir M. et Mme de Luxembourg, M. le duc de Villeroi, M. le prince de Tingry, M. le marquis d'Armentières, Mme la duchesse de Montmorency, Mme la duchesse de Boufflers, Mme la comtesse de Boufflers, et beaucoup d'autres personnes de ce rang qui, du château, ne dédaignaient pas de faire, par une montée très-fatigante, le pèlerinage de Montlouis. » Rousseau, en se complaisant dans l'énumération des grands seigneurs qui lui forment à Montlou's une espèce de cour, ne quitte plus la montagne et oublie la Vallée. La coterie holbachique, qui s'agite à La Barre et à Eaubonne, il la croit occupée à lui dresser toutes sortes d'embûches, et il prend pour refuge l'amitié du château. Tous ces complots imaginaires n'empêchent pas Grimm et Diderot de servir une petite pension à la vieille Levasseur, mère de Thérèse. Diderot reste, presque seul de sa société d'autrefois, en de bons termes avec le protégé du maréchal, et pourtant il écrit lui-même à Grimm dans un moment d'humeur : « Cet homme est un forcené. »

Elle n'est ni abattue ni agrandie, cette maison modeste, mais féodale de Montlouis, dont le grand écrivain a approprié une portion à ses goûts avec une si vive prédilection. Derrière la butte Jonvelle, au coin de la rue Montlouis, elle répond au numéro 12 de la rue Jean-Jacques-Rousseau. Voici bien la cheminée, alors plus vaste, dans laquelle est resté le tourne-broche en pierre du maître, et voilà la chambre de sa *gouvernante*. Ce plancher est le sien. Pourvu que vous montiez à la petite chambre à coucher du premier, vous aurez sur l'église, sur le lac, sur les buttes de Sannois et d'Orgemont, sur le mont Valérien, l'incomparable vue qui chaque matin a fêté son réveil. Nous retrouvons enfin la table de pierre, sur laquelle un M. Brizard a fait graver, le 27 mars 1787 :

> C'est ici qu'un grand homme a passé ses beaux jours ;
> Vingt chefs-d'œuvre divers en ont marqué le cours.
> C'est ici que sont nés et Saint-Preux et Julie,
> Et cette simple pierre est l'autel du génie.

C'est par trop dire que de vouloir enlever à l'Ermitage l'honneur d'avoir vu naître Saint-Preux ; la dernière main, tout au plus, a pu être mise à la *Nouvelle Héloïse*, sur la table de pierre de Montlouis. En revanche, *Émile* et le *Contrat social*, qui ont tant contribué à la Révolution, ont été écrits là, et sous le patronage de l'élite de l'aristocratie française. Même point de départ à la *Lettre sur les spectacles*, qui dénigrait le théâtre à tout casser. Les paroles et la musique du *Devin du Village* n'en sont pas moins du même auteur. Il avait planté deux tilleuls auprès de la table de pierre ; mais, dans la suite, un médecin, qui gérait la propriété, l'avait décapitée de ce garde-vue, parce qu'il portait ombrage au notaire Regnard. N'était-ce donc pas assez pour ce dernier que le médecin lui rendît le service de hâter l'ouverture de toutes les successions ? De la terrasse de Montlouis, qui n'a perdu que les deux tilleuls, nous découvrons celle de Saint-Germain-en-Laye, aussi facilement que Paris, quand il fait beau.

Le donjon a été admirablement respecté ; seulement on n'y retrouve plus rien de ce modeste mobilier que, par acte du 8 mars 1758, Rousseau a déclaré appartenir à

Thérèse Levasseur, sa domestique, avec acceptation d'icelle au bas de l'acte, rédigé en présence de M. Pierre du Quesne, procureur au bailliage d'*Anguien,* et de Barthélemy Tétard, maçon. M. Bidauld fils, qui est mort vers l'année 1860, avait réuni dans le donjon les portraits d'un assez bon nombre de personnages contemporains de l'illustre philosophe. Dans cette galerie figuraient Mme d'Houdetot, à l'âge de quatre-vingts ans, portrait lithographié donné au peintre Bidauld père par le neveu de la comtesse; d'Alembert, Franklin, Mgr Christophe de Beaumont, l'auteur des lettres pastorales fulminées contre les encyclopédistes et contre Jean-Jacques; Diderot, le prince de Conti, Mme Geoffrin, Voltaire, David Hume, dont la joufflue figure faisait contraste avec la maigreur particulière aux philosophes français; un portrait en pied et à l'huile de Rousseau, habillé en Arménien, par Chardin, dont M. Louis Briggi de Girardin avait fait présent à Bidauld; le *fac-simile* d'une lettre de Jean-Jacques à Latour, peintre qui avait fait également son portrait; les dernières paroles de Rousseau, et enfin la gravure de la chambre de Voltaire, à Ferney, comportant le portrait en petit et très-ressemblant de tous les encyclopédistes. Presque tout le XVIIIe siècle tenait ainsi dans une tourelle du moyen-âge !

On lit au livre X des *Confessions :* « Pendant un hiver assez rude, j'allais tous les jours passer deux heures le matin et autant dans l'après-dîner, dans un donjon tout ouvert que j'avais au bout du jardin où était mon habitation. Ce donjon, qui terminait une allée en terrasse, donnait sur la vallée et l'étang de Montmorency et m'offrait, pour terme du point de vue, le simple mais respectable château de Saint-Gratien, retraite du vertueux Catinat. Ce fut dans ce lieu, pour lors glacé, que, sans abri contre le vent et la neige, et sans autre feu que celui de mon cœur, je composai, dans l'espace de trois semaines, ma lettre à d'Alembert sur les spectacles. »

Cela donne froid ; mais le froid a du bon, surtout lorsque menace de s'effondrer le plancher de la chambre à feu. Aussi le philosophe dit-il ailleurs : « Quand M. le maréchal m'était venu voir à Montlouis, je l'avais reçu avec peine, lui et sa suite, dans mon unique chambre, non parce que je fus obligé de le faire asseoir au milieu de mes assiettes sales et mes pots ébréchés, mais parce que mon plancher pourri tombait en ruine, et que je craignais que le poids de sa suite ne l'effondrât tout à fait. Moins occupé de mon propre danger que de celui que l'affabilité de ce bon seigneur lui faisait courir, je me hâtai de le tirer de là pour le mener, malgré le froid qu'il faisait alors, à mon donjon tout ouvert et sans cheminée. »

Dans la maison voisine demeuraient ces *commères* que Jean-Jacques Rousseau accuse d'avoir escaladé le mur et de lui avoir emprunté, par surprise, le manuscrit d'*Émile*. C'en est assez pour qu'il se cloître, pour qu'il fasse mettre des volets à la fenêtre de la petite tour, et il n'y travaille plus qu'à la lumière, même en plein jour. On dit qu'il va jusqu'à faire établir une petite armoire ronde, tournant sur pivot, au moyen de laquelle on lui passe à manger. A coup sûr, il garnit enfin d'une cheminée à la prussienne, qu'on voit encore de nos jours, son célèbre cabinet de travail.

L'an 1761, le maréchal perd son fils du premier lit, Anne-François duc de Montmorency - Luxembourg, et son petit-fils, le Cte de Luxembourg. Les condoléances de pleuvoir en innombrables compliments. Jean-Jacques lui-même se conforme à l'usage qui en commande, et, revoyant au château la jeune C^esse de Boufflers, il cherche à prendre sur elle une revanche des rigueurs de Mme d'Houdetot. On croyait la cendre encore chaude de ce côté-ci ; brasier nouveau par là ! Est-ce que l'amoureux, par miracle, n'aurait plus que ses vingt-cinq ans ? A cette question l'écho répond deux fois. Mme de Boufflers se montre moins prodigue ; d'ailleurs, elle est l'objet très-connu des hommages d'une altesse sérénissime. Le nouvel amour de Jean-Jacques refroidit, mais sans la ternir, l'amitié que lui a vouée la maréchale, qui le protége près de M. de Malesherbes, directeur de la librairie.

Les épreuves d'*Émile*, qui s'imprime en Hollande, arrivent à l'auteur par ce protecteur de seconde main. Enfin le livre paraît, le public se l'arrache, et l'orage gronde sur le chef de l'auteur. Ami du curé de Groslay, qui a connu jadis son homonyme, Jean-Baptiste Rousseau, il est en rapport également avec le révérend Mully, supérieur de l'Oratoire de Montmorency. Et il écrit à ce dernier : « Jean-Jacques Rousseau, en envoyant *Émile*, prie Messieurs de l'Oratoire de Montmorency de vouloir bien accorder à ses derniers écrits une place dans leur bibliothèque. Comme recevoir le livre d'un auteur n'est pas adopter ses principes, il a cru pouvoir, sans témérité, leur demander cette faveur. A Montmorency, le 29 mai 1762. » Malgré la tolérance du jansénisme, ce parti victorieux d'alors, qui laisse par principe beaucoup plus de carrière aux discussions que le parti moliniste, *Émile* n'échappe pas au procès. Le 7 juin, Jean-Jacques Rousseau écrit à l'un de ses amis : « J'ai rendu gloire à Dieu, j'ai parlé pour le bien des hommes ; pour une si grande cause, je ne refuserai jamais de souffrir ; c'est aujourd'hui que le parlement rentre, j'attends en paix ce qu'il lui plaira d'ordonner. » Le surlendemain, impossible de rester à Montlouis, qu'il habite depuis près de trois ans et demi; il en est arraché, à deux heures du matin, par deux grands seigneurs, ses amis, le maréchal de Montmorency-Luxembourg et le prince de Conti, qui veulent le soustraire au décret de prise de corps lancé contre lui par le parlement de Paris à cause de son dernier livre. Cet ouvrage est brûlé, en place de Grève, par la main du bourreau, et le philosophe passe en Suisse.

Il y a bien à Montlouis une inscription relative au séjour de Rousseau; mais elle est peu exacte et peu lisible. Jean-Jacques est entré dans la maison le 15 décembre 1758, et il en est sorti le 9 juin 1762. Et quant au maréchal qui, de son temps, y venait respirer presque tous les matins l'air pur et la philosophie, il est mort le 18 mai 1764.

L'oncle du peintre Taunay a succédé, comme habitant de Montlouis, à l'auteur d'*Émile*. Puis est venu le sieur Brizard, que Chérin, généalogiste du roi et conseiller à la cour des aides, a remplacé. C'est avant la Révolution que la féodalité de Montlouis s'éteignit. Quand tous les autres fiefs furent abolis en France, Chérin vit bien que les recherches héraldiques n'étaient plus de saison. Il quitta donc la plume pour l'épée, si bien qu'il devint général.

Pendant que Taunay, le peintre, occupait la maison actuelle de M. Chériot, son confrère et camarade Bidauld prenait possession de l'ancien logement de son oncle. Les deux artistes dont nous parlons n'avaient-ils pas étudié à Rome en même temps que Girodet, Prud'hon, Michalon, Lethière, Percier et Fontaine? Entretenons-nous plus spécialement du peintre dont l'historique, dû à Montlouis, fait l'un de nos héros. Bidauld est né à Carpentras, et il a commencé de bonne heure sa carrière, sous les auspices de son frère aîné, peintre de genre et de fleurs, avec les encouragements de Joseph Vernet et de Fragonard père. Un voyage à Genève et en Italie ont déterminé pour le paysage la vocation de ce peintre, et nous avons vù chez son fils le premier paysage que lui ait inspiré la magnificence pittoresque de la Toscane. De retour à Paris, en 1790, il s'est fait remarquer, malgré le souvenir de Lantara et de Casanova, par des compositions qui reproduisent des vues de l'Italie, avec introduction de personnages: c'est du paysage historique. Classique par excellence, Bidauld a dû payer un tribut de patience aux sarcasmes de l'école moderne ; on a donc prétendu qu'à la mort de Prud'hon, en 1823, il faisait le malade, et que Mme Bidauld rendait des visites à tous les membres de l'académie des Beaux-Arts, afin de leur demander, comme une grâce *in extremis,* la nomination d'un mourant, qui allait faire place à un autre. Le fait est que Bidauld, une fois académicien, se porta encore mieux qu'antérieurement à sa candidature ; mais le nom qu'a laissé ce peintre laborieux donne encore tort à la calomnie romantique. Il s'est éteint à Montlouis, âgé de 89 ans, le 20 octobre 1846, après avoir passé la moitié des étés de sa vie dans la demeure de Jean-Jacques. En ses dernières années, il cultivait son art avec le même amour qu'étant élève. Il laisse 250 tableaux, entre autres plusieurs *Vues de la Vallée de Montmorency,* et il se montre jusque dans ses esquisses fin, élégant, châtié et pur : c'est ce que le romantisme appelle du léché. Bidauld a eu deux parents à citer : M. Lethière, de l'Institut, et M. de Gaulle, auteur d'une *Histoire de Paris.* Son fils s'occupait d'architecture. Mme Bidauld, qui lui survit, habite encore une maison contigue au vrai Montlouis, au Montlouis historique, dernièrement acquis 20,000 francs par l'honorable M. Boniface, du *Constitutionnel.* Au Musée de Lille, nous avons remarqué le portrait du peintre Bidauld et ceux d'un certain nombre de ses contemporains, par Louis Bailly.

Montlouis, moins visité que l'Ermitage, a pourtant un titre de plus à la considération, c'est d'avoir appartenu à des Burchard-Montmorencys. On peut maintenant parler du moyen-âge aux admirateurs mêmes des écrivains du xviii° siècle, qui a tant méprisé le moyen-âge ! Un temps ne viendra-t-il pas où ce qui nous passionne aujourd'hui paraîtra aussi ridicule que nous semblent, par exemple, les bacchanales qui ont fait à la mémoire de Rousseau les honneurs de la Révolution ? L'*Émile* sera-t-il encore ouvert à la place de l'Évangile dans les fêtes de la Raison ?

En 1791, deux vieillards de Montmorency se sont présentés à la barre de l'Assemblée nationale et ont demandé qu'on conservât à Montmorency les dépouilles mortelles du philosophe. Mais comme le Panthéon avait des droits prépondérants, la petite ville s'est contentée de recevoir pompeusement, sur la place du Marché, la visite du cortége qui conduisait les restes du philsophe dans le temple des dieux de la Révolution. Elle a pourtant inauguré un buste de Rousseau, dans un bocage, à l'entrée du bois d'Andilly, le dimanche 25 septembre 1791. Des mères de famille portaient ce buste, et de jeunes mères, coiffées *à la déiste*, chantaient des couplets de circonstance ; des vieillards venaient à la suite, portant triomphalement une pierre de la Bastille démolie, sur laquelle était l'image de Rousseau, gravée en creux ; la marche était fermée par Bosc, à la tête de la société locale des Amis de la Constitution, dont faisaient partie le peintre Redouté, Pelletier, Giroux, Cobber, Daunou, Target et Regnard père ; Bosc et Daunou prononcèrent des discours ; le soir, tous les arbres d'alentour étaient illuminés, et l'on dansait.

Les temps ayant changé, c'est le 25 novembre 1811 que

les habitants de Montmorency ont élevé au même lieu un monument rustique à la mémoire de Jean-Jacques, avec cette inscription : *Ici Jean-Jacques Rousseau aimait à se reposer.* Près de ces mots restait une légende, de vingt ans plus ancienne, ainsi conçue : *Les habitants de la ville et du canton de Montmorency, en mémoire du séjour que Jean-Jacques Rousseau fit au milieu d'eux, le 25 novembre, 3ᵐᵉ année de la liberté.* Il y avait encore sur une des pierres du monument, qu'on n'a pas du tout respecté : *Béni soi celui qui respectera ce monument !*

ROBESPIERRE. — M. de Belzunce, gendre de la Mⁱˢᵉ d'Épinay, ayant été porté sur la liste des émigrés ; on confisqua ses biens, et l'Ermitage, devenu propriété de la Nation, fut loué d'abord à l'architecte Bénard, qui y laissa coucher une nuit le cortége conduisant Rousseau au Panthéon, et ensuite à Regnauld de Saint-Jean-d'Angély, député aux États-généraux, puis constituant et l'un des rédacteurs du *Journal de Paris*. Regnauld, proscrit par les jacobins, fut contraint de céder l'Ermitage à Maximilien Robespierre ; il se fit employer dans les charrois militaires jusqu'au mois d'août 1793, date de son arrestation à Douai.

Ainsi une famille titrée se trouva avoir disposé pour Jean-Jacques une retraite hospitalière, et celle-ci profita ensuite à Robespierre, qui en fit son Tibur au fort de la Terreur ! Quel lien caché unissait ces deux hommes, l'un tendre, l'autre implacable, celui-ci raisonnant avec son cœur chagrin, celui-là n'étant plus qu'un bras fatal qui exécutait des sentences de philosophe comme si elles étaient des jugements sans appel ! Que d'épouvante, si Dieu avait rappelé l'écrivain à la vie ! que d'épouvante pour son génie, lorsqu'on en déduisait les conséquences avec un enthousiasme aussi aveugle qu'expéditif ! D'ailleurs, les caves du Panthéon ne tenaient enfermées ni toute la gloire ni l'âme de Jean-Jacques. En dépit de ces pierres opaques, il a souvent dû voir tout ce qui se passait à l'Ermitage avec des yeux plus ouverts que jamais : par conséquent, à travers les ténèbres de la nuit du 6 thermidor, en l'an II de la nouvelle ère, il a vu l'illustre tribun dresser, dans sa maison et sur sa propre table, la liste de proscription du canton de Montmorency. Le lendemain, 7, Robespierre revenait à Paris, et le 9 il n'était plus qu'une proie à son tour attendue par la guillotine.

Regnault de Saint-Jean-d'Angély sortait de prison, comme tant d'autres, le lendemain du 9 thermidor.

GRÉTRY. — Aussi bien la Nation, rentrée en possession de l'Ermitage, le vend au citoyen Devouge, en l'an V, le 27 frimaire ; puis d'autres propriétaires se succèdent rapidement, et Grétry devient acquéreur le troisième jour complémentaire de l'an VI, par acte de Paulmier, notaire, moyennant 10,000 francs.

Que, si Grétry avait connu Rousseau, leur rencontre n'avait eu qu'un caractère passager, disons même de mauvais augure. Une fois, en se promenant dans la Vallée, le musicien avait trouvé Jean-Jacques près d'un ruisseau qu'il ne pouvait franchir ; il lui avait tendu la main ; mais l'écrivain, qui en voulait souvent à ses meilleurs amis, avait repoussé dédaigneusement l'appui qui lui était offert. Ajoutez à cette mauvaise note qu'il y avait plus d'une différence entre ces deux natures d'élite : l'un était l'inventeur de nouvelles théories républicaines, et l'autre était l'auteur de la musique d'une marseillaise royaliste, *O Richard, ô mon roi !* Néanmoins Grétry avait voué un culte particulier à la mémoire de Rousseau, au point de choisir l'Ermitage pour dernier gîte à sa vieillesse.

Un assez méchant livre politique a été publié en l'an 1801 par l'éminent compositeur. C'est à Montmorency qu'en revanche il a écrit ces lignes, réellement dignes de servir d'épigraphe à ses œuvres : « Ma musique n'est pas aussi énergique que celle de Gluck ; mais je la crois la plus vraie de toutes les compositions dramatiques : elle dit juste les paroles suivant leur déclamation locale. Je n'ai pas exalté les têtes par un superlatif tragique, mais j'ai révélé l'accent de la vérité, que j'ai enfoncée plus avant dans le cœur des hommes. » On trouvera cet éloge modeste, pourvu qu'on se rappelle, en somme, le talent de l'homme qui se l'est décerné. Grétry a eu le rare honneur de se voir ériger une statue de son vivant ; cette statue, en marbre blanc, lui était élevée à l'Opéra-Comique aux frais du Cte de Livry. La rue qui porte son nom l'avait également pris avant sa mort.

Il y avait dans sa chambre à l'Ermitage, jadis occupée par Jean-Jacques, bien que le musicien eût agrandi et embelli l'habitation, il y avait les trois portraits de ses filles, au pastel, peints par Mme Grétry, et constamment entrelacés de guirlandes de fleurs et de feuillage. De sa femme et de ses trois filles, dont l'une avait été tenue sur les fonts par la reine Marie-Antoinette et par le Cte d'Artois, il ne lui restait plus que le souvenir. Il aimait ses neveux et ses nièces, qui étaient presque tous des enfants naturels ; il prit donc des dispositions particulières pour qu'ils se partageassent après lui son avoir, comme si tous eussent été des enfants légitimes. On trouve encore à l'Ermitage, au pied de la petite cascade, une pierre brute qui est couverte de lierre ; M. Bridault père, architecte, l'avait fournie gratuitement lors de la fête de 1811 ; il l'avait reprise depuis lors et donnée au neveu de Grétry en échange des œuvres complètes du musicien, et on y lit encore l'inscription qui date de la fête de l'entrée du bois d'Andilly : *Ici Jean-Jacques aimait à se reposer*. A gauche de cette pierre est un laurier planté par l'auteur du *Devin du village*, et il y a en pendant, de l'autre côté de la cascade, un second laurier, également planté par le plus illustre des successeurs de Rousseau.

Boïeldieu, du temps de Grétry, habita quelque temps un châlet en face de l'Ermitage, dans lequel lui ont succédé M. Viennet, de l'Académie française, un petit-fils de Franklin, Mme de Montgeron et Mme Berthoud. Cette villa italienne appartient actuellement à M. le Cte Des Aubiers, officier supérieur de hussards. Il est parfaitement constaté par les titres de propriété que Grétry en a posé la première pierre en y faisant graver son nom, celui de Louise, sa femme, et celui de Joséphine, sa nièce. Elle s'appelle la Villa-Grétry. Une chaumière contiguë, devenue ultérieurement un beau châlet, appartenait aussi au compositeur ; une femme à son service y est morte huit jours avant lui.

Duhamel, vieux meunier, jouissait du moulin de Clairvaux, situé tout près de la maison. Le 30 août 1811, jour de la fête des jardiniers, ceux qui avaient à honorer saint Fiacre s'attardèrent non loin de là, le verre et la chanson aux lèvres. A minuit, un coup de fusil réveilla en sursaut Grétry. La femme et la fille du meunier virent s'éloigner rapidement un homme en blouse, couvert d'un chapeau à grands bords ; les jardiniers chantaient toujours. C'est Duhamel qu'on venait d'assassiner, et jamais la justice ne put connaître l'auteur du crime commis cette nuit-là.

Grétry, dans un tel événement, vit un présage désastreux pour lui-même : le fait est qu'il avait beaucoup de superstition, et que son aversion pour le nombre 13 était vive. Il s'enfuit à Paris, et justement il y tomba malade.

Le 18 mai 1813 le mélodieux Grétry, toujours souffrant, n'avait pas encore reparu à l'Ermitage depuis l'assassinat de son voisin. L'impératrice Marie-Louise et la reine Hortense se présentèrent ce jour-là : elles voulaient honorer de leur visite l'auteur de *Zémire et Azor*. Son absence ne les empêcha ni de faire le tour du jardin ni d'entrer au salon, et le clavecin d'ancienne forme, qui avait tant vu naître de chefs-d'œuvre, fut essayé par celle des deux augustes visiteuses qui, à défaut d'une couronne, eût été la reine des artistes. Le surlendemain Grétry, qui était encore à Paris, recevait la lettre suivante :

« Monsieur Grétry, en visitant votre Ermitage, je me flattais de vous y trouver, et j'aurais eu beaucoup de satisfaction à vous parler du plaisir que m'ont donné vos charmants ouvrages et qu'ils me donneront toujours. Je suis sensible à ce que vous voulez bien me dire d'obligeant au sujet de mes faibles romances, et je me laisse aller à la vanité d'être louée par celui dont les chants ne périront jamais.

» HORTENSE.

» Paris, le 20 mai 1813. »

L'été venu, le vieux compositeur retourne à Montmorency ; mais, à peine installé, il a une effroyable hémorrhagie ; et ses pressentiments déplorables, qui reviennent, lui font écrire à M. Lebreton, secrétaire perpétuel de la classe des Beaux-Arts à l'Institut :

« Mon cher confrère, il m'est impossible de me rendre à l'Institut pour le jugement des prix de musique. En arrivant à l'Ermitage, encore convalescent, une hémorrhagie, qui a duré trois jours, et pendant laquelle j'ai rendu huit palettes de sang, m'a jeté dans une faiblesse extrême. A présent, enflé jusqu'au diaphragme, j'attends le résultat de mes longues souffrances. Je suis résigné ; mais je sais qu'en quittant cette vie un de mes plus vifs regrets sera de ne plus me réunir avec mes chers confrères, que j'aime autant que je les honore. Faites-leur, je vous prie, part de ma lettre. Adieu, mon cher confrère, je vous embrasse de tout mon cœur.

» GRÉTRY.

» A l'Ermitage de Jean-Jacques,
Montmorency, 12 septembte 1813. »

Lebreton et Gérard viennent voir le grand artiste le lendemain, au nom de la classe des Beaux-Arts. Bouilly, l'un de ses librettistes, lui fait aussi visite, et Grétry, qui veut descendre dans la salle à manger, afin de le voir dîner avec sa famille, s'y fait porter dans un fauteuil. Berton rend également ses devoirs à l'homme de génie, son confrère ; celui-ci l'entretient d'un *De profundis* inédit, qui ne tardera pas à être exécuté. — J'ai remarqué, ajoute-t-il, que les contre-basses dans les églises ont un son extrêmement sourd ; je te charge de les faire placer sur des marchepieds très-élevés. — J'ai le temps d'y penser, répond Berton. — Travaille cette nuit à l'Ermitage, réplique Grétry ; après-demain il serait trop tard.

Enfin Neukomm, compositeur, passe l'avant-dernière nuit près du malade ; les soins de sa famille, la science des médecins, qui sont MM. Damien, de Montmorency, Hallé, Nisten et Lejoyand, de Paris, ne peuvent plus rien contre le mal. Le 24, l'illustre moribond voit luire attentivement l'aube de son dernier jour, et il se met sur son séant afin de contempler tout ce qu'il peut du ciel ; puis il veut fuir son lit de douleur ; il s'élance malgré tous les siens, mais bientôt il retombe sans force, et il annonce sa fin prochaine. Déjà ses yeux se sont fermés d'eux-mêmes, on croit qu'il a passé; il est onze heures ; soudain les paupières se relèvent, la bouche se rouvre, la main fait signe, et Grétry demande un verre d'anisette. Son âme alors se sépare de son corps, comme la bonne musique se dégage elle-même des paroles qui l'alourdissaient.

Les funérailles du maître sont pompeuses. On transporte son corps à Paris, en sa demeure, boulevard des Italiens, n° 7, et dans cette maison, toute tendue de noir, comme les escaliers, il y a une chapelle ardente. Le cortége funèbre s'arrête, en sortant de l'église, devant les deux théâtres lyriques et devant le Théâtre-Français ; le soir, à l'Opéra-Comique, il y aura apothéose. Bouilly et Méhul contribuent à rendre, au point de vue de l'art, plus solennelle cette journée de deuil public, dans laquelle est exécuté le *De profundis* du défunt, qui pourtant ne se composait que de fragments. Enfin Grétry est enterré au Père-Lachaise, alors cimetière Saint-Louis, à côté de l'abbé Delille.

Mais voici venir un comique, une queue-rouge, comme il y en a souvent derrière le premier sujet du drame, à l'Ambigu. Le pitre qui ne craint pas de prendre la parole après le second homme de génie qui ait habité l'Ermitage, c'est le nommé L. V. Flamand, né en 1764, dans le département de l'Aisne, apprenti mercier, commis en librairie, puis tapissier dans le passage Feydeau, puis marchand de pâtes pour la décoration des appartements au quai Voltaire, et qui a ensuite épousé en troisièmes noces, le 11 pluviôse, an IV, la fille naturelle d'un frère de Grétry. Flamand, dans son idolâtrie pour la gloire de son semioncle par alliance, ajoute le nom de Grétry à son nom, et cet emprunt ne lui paraîtra plus tard que l'association de deux célébrités. Mais ne faut-il pas, pour en arriver là, se contenter d'abord du second plan? Il demande donc à faire extraire le cœur du maître pour le donner à Liége, sa ville natale, qui fait alors partie de l'empire français comme chef-lieu du département de l'Ourthe. C'était moins d'un bon neveu que d'un bon Liégeois, et vous savez déjà qu'il avait vu le jour ailleurs que dans le pays wallon.

Çà, comment se fait-il que nous sachions si bien l'état civil du sieur Flamand, l'un des héritiers de Grétry? C'est qu'il n'a pas manqué d'écrire, dans la seconde moitié de sa vie, des vers et de la prose assez corrects, mais non moins plats, qui, sous prétexte d'honorer la mémoire des deux grands hommes de l'Ermitage, nous ont surtout donné sa propre biographie, que personne au monde ne demandait (1). Le malheureux aurait été sans doute un industriel supportable, hors de l'ancienne habitation de Grétry et de Rousseau; mais là il se croyait des ailes, il convolait comme en quatrièmes noces avec une gloire adultère, qui riait sous cape de son amour d'eunuque.

Dans ses ménages légitimes, au contraire, c'était un mari pour de bon, car il avait eu sept enfants rien que de sa première femme. Celle-ci, néanmoins, avait osé le tromper avec un usurier agé de douze ans de plus que lui. Si nous en parlons savamment, c'est que l'époux trompé n'a pas reculé devant cette confession héroïque : « Je vis cet homme sans mœurs indécemment assis sur le lit de ma femme tandis qu'elle y était. » Flamand

---

(1) Il a publié notamment un *Itinéraire de la Vallée de Montmorency*.

devait de l'argent au complice; c'est pourquoi il se contenta de divorcer à petit bruit, le 14 frimaire de l'an III. Il allait d'un extrême à l'autre quand il donnait son nom le 9 nivôse d'après à Émilie Guérin, qui, pendant six semaines de cohabitation, sut se soustraire à toute obligation résultant de son nouvel état : « Elle ne voulait pas, à ce qu'il paraît, s'assimiler aux brutes qui ne connaissent que les plaisirs des sens. » Et l'époux malheureux ajoute : « Je lui crus l'esprit aliéné. » Donc, le 5 germinal an III, second divorce. L'infortuné picard retourna quelque temps avec sa première femme, sans toutefois lui rendre ses droits, et cette dame abusa plus tard de ce rapprochement frisant l'illégitimité pour lui envoyer une jeune fille dont l'acte de naissance était postérieur au divorce, et qui lui demandait son consentement avant de se marier. Sur sa déclaration d'incompétence, ladite jeune fille fit au mari, par acte d'huissier, des sommations légalement respectueuses, desquelles le monde inféra que cet homme barbare osait renier jusqu'à ses enfants. Cependant Émilie Guérin lui ayant paru disposée à se relâcher de l'excessive rigueur de ses principes, des nœuds itératifs avaient été serrés entre Flamand et elle devant l'état civil, le 19 vendémiaire an IV, à l'occasion desquels le bonhomme a avoué plus tard, avec une franchise absolue, que, « grâce à sa constance, tous ses vœux furent satisfaits. » Seulement le pauvre époux s'aperçut avant terme que sa seconde femme lui était revenue enceinte. Comment réitérer une rupture ? c'était un moyen long et et dispendieux, surtout en récidive, que de faire valoir l'incompatibilité d'humeurs; on imagina donc des injures graves, et le patient en passa pour l'auteur, afin d'en venir plus vite à une nouvelle dissolution d'hymen, le 7 pluviôse an IV, c'est-à-dire quatre jours à peine avant de contracter le dernier engagement matrimonial qui le fit un peu neveu de Grétry.

L'infatigable énergumène, n'ayant plus le divorce à exploiter, se rabattit sur le cœur de son oncle pour tenir en haleine sa rare activité. Il avait obtenu qu'on pratiquât l'exhumation du corps et l'opération extractive, qui avait eu les meilleurs résultats. Mais les événements de 1814 avaient déconfit bien des plans, et le dépôt du cœur eut lieu provisoirement à l'Ermitage. Lorsqu'après les Cent-Jours, Flamand, qui était royaliste, se hasarda à reparaître, les Prussiens occupaient Montmorency, et il y avait à craindre que l'ancienne demeure de Jean-Jacques eût été profanée par les soldats de la contre-révolution. Loin de là : tout était en bon ordre, et « deux officiers, dit le neveu, étaient agenouillés au pied d'un petit monument qu'il avait élevé à Grétry. » Les Prussiens, en tant que protestants, ont si peu l'habitude de se prosterner pour les morts, que nous osons douter qu'ils soient venus prier sur ce simulacre de tombe.

Or Liége à cette époque ne faisant plus partie du territoire de la France, Flamand-Grétry obtient du Cte d'Anglès, préfet de police, l'autorisation d'inaugurer solennellement le dépôt du cœur de Grétry à l'Ermitage, le 15 juillet 1816. Le monument est prêt; c'est la simple colonne en pierre qu'on voit encore de nos jours au bout du jardin, dans la presqu'île formée par la pièce d'eau. L'abbé Drouau, curé de Montmorency, a disposé un service funèbre. La dépouille mortelle, qui a été placée en attendant dans la chambre où est mort Grétry, est portée à l'église, où se dit une messe en musique. Berton, le Ch^{er} Piis et l'abbé Rose ont composé pour ce grand jour un motet, une hymne et une ronde : l'*Ombre d'Anachréon à l'ombre de Grétry*. Egger et Nicolo, ainsi que

M. Gobert, maire de Montmorency, assistent à la cérémonie, qui se termine par un banquet. La salle de réunion, décorée pour la circonstance, est toute parsemée d'étoiles, dans le milieu desquelles brille le nom des chefs-d'œuvre de Grétry. Dès que le dépôt précieux est scellé dans la pierre, on lit ce peu de mots sur la colonne : *Grétry, ton génie est partout, mais ton cœur n'est qu'ici !* Ceux qui visiteraient l'Ermitage y trouveraient encore cette légende ; mais ils liraient aussi un peu plus bas : *Les Liégeois n'en ont enlevé que la poussière.*

En effet, les Liégeois ont, dès 1816, des prétentions d'extradition sur cette relique, qui a été offerte antérieurement par Flamand lui-même à leur ville ; et puis ce neveu n'est pas toujours d'accord avec les autres membres de la famille, parmi lesquels on remarque un Grétry, homme de lettres, et une demoiselle Jenny Grétry, éditant la musique de son oncle à Paris, dans la rue qui porte son nom. De quel droit ce neveu, qui n'est qu'un parent par alliance, confisque-t-il à son profit une telle partie des dépouilles mortelles du grand homme ? En vertu de quel titre cet Ermitage, dont il est devenu propriétaire, a-t-il été investi d'un apanage posthume ? Mais au lieu de répondre à ces questions Flamand-Grétry rime un poëme élégiaque sur la mort de Louis XVI, et il envoie des vers au roi, et il se fait placer à la tête d'une compagnie de garde nationale, qui bafoue et qui hue avec assez d'ensemble son capitaine. Il semble que l'opinion publique veuille se rattrapper sur le nouveau propriétaire de l'estime où elle a toujours tenu, malgré les changements de forme de l'État, ses deux illustres devanciers. Pourtant Flamand-Grétry achète des héritiers du poëte Aignan le châlet voisin de l'Ermitage, et il donne un chemin de 18 pieds de large à la commune, après querelle judiciaire relativement audit terrain avec un de ses voisins, le Cte de Mozinski ; d'autre part, l'honneur insigne lui échoit d'être pris au sérieux par Hoffmann qui, dans les *Débats*, critique son poème sur Jean-Jacques.

Il se peut que la régence de Liége ait connu les malheurs que Flamand avait déjà éprouvés dans ses rapports avec les femmes ; toujours est-il que les échevins de cette ville ont fondé de leurs pouvoirs, non pas un homme, mais Mlle Keppenn, en l'année 1821, comme pour augmenter encore par la présence de cet émissaire dangereux les griefs de l'habitant de l'Ermitage contre le beau sexe. Non-seulement Liége, comme dit la procédure, veut qu'on fasse livraison du cœur, mais encore il y a plus d'un Grétry qui appuie cette réclamation au nom de l'honneur du défunt. Sur le refus du détenteur, les bourgmestres s'adressent aux tribunaux. Hennequin et Bilcocq plaident. Flamand gagne en première instance. Appel en 1823. Flamand soutient toujours qu'il représente mieux que personne Grétry, attendu que cet homme de génie, qui a signé à son contrat de mariage, depuis lors a toujours montré sa prédilection pour le neveu qu'il s'était donné de son plein gré, et non pour ceux qu'il avait eus par le fait d'un frère et d'une sœur. Par malheur les Grétry qui appuient la demande de la régence de Liége sont plus nombreux devant la Cour qu'ils n'étaient devant les premiers juges, et un arrêt décide, le 17 mai, que l'autorisation d'exhumation ayant été donnée dans le principe au profit des Liégeois, Montmorency a moins de droits que Liége.

Flamand-Grétry apprend ainsi que le cœur de son oncle doit lui être arraché : il s'en prend à la mémoire du philosophe, qui paraît avoir absorbé à l'Ermitage toute celle du musicien, son successeur. Pourtant, loin de se résigner et de reporter sur les œuvres du maître le culte qu'il avait voué à un viscère de sa poitrine, embaumé dans un coffre de plomb, il cherche à demeurer, malgré l'arrêt, le bedeau de sa chère relique. Justement à deux jours de là une visite auguste honore de nouveau l'Ermitage : Mme la D^{sse} de Berry, qu'accompagne le Ch^{er} Cadet de Chambine, maire de la localité, reçoit les doléances du neveu de l'auteur de la *Marseillaise royaliste*. Bientôt le Cte d'Anglès déclare, par ordonnance de police, qu'*on ne peut disposer de la dépouille mortelle de l'homme que conformément aux lois qui protègent les cendres des morts et l'honneur des familles, et qui assurent le maintien de la salubrité, de la décence et de l'ordre public, et que l'exécution des lois, en cette matière, appartient exclusivement à l'autorité administrative*. . Le préfet de police s'oppose en même temps à ce qu'on exécute le cœur ; l'ordre est donné au maire de s'opposer à tout enlèvement. Il y a conflit d'attributions, et Flamand reste encore maître du terrain, grâce à la protection de S. A R. Aussi fait-il élever à l'Ermitage un buste de la princesse, qui est encore debout sur une colonne, avec cette inscription, qui seule a disparue : *A S. A. R. Caroline-Ferdinande-Thérèse, duchesse de Berry. Cette auguste princesse daigna honorer de sa visite cet humble Ermitage, le 19 juin 1823, et prendre sous sa haute protection le cœur de Grétry, que les Liégeois voulaient ravir à la France.*

L'huissier audiencier de la cour fait donc à l'Ermitage une première démarche inutile ; puis l'arrêté de conflit est notifié au premier président, le 24 juin, et cette affaire s'envenime. Qu'un préfet de police se permette de surseoir à l'exécution des arrêts d'une Cour, cela ne peut être admis froidement par les membres de cette Cour. Les

Liégeois veulent tout de bon qu'on livre, et le procureur général entend qu'on exécute l'arrêt. Le préfet de police, de nouveau averti à temps, met les gendarmes de Franconville à la disposition du maire, lequel se rend à l'Ermitage avec le juge de paix, le garde-champêtre, le suisse et quelques habitants. L'huissier de la cour reparaît suivi des bourgmestres de Liége; ils somment en vain l'autorité locale de leur prêter main-forte : seulement un procès-verbal est dressé, et la colonne de pierre qui contient le cœur est mise sous scellé.

Le roi confirme ensuite l'arrêté de conflit par ordonnance du 2 août. La régence de Liége se pourvoit au conseil d'État pour l'interprétation de l'arrêt du 17 mai. Bref, le procès de maître Flamand prend des proportions homériques. Au feu sacré de la procédure, il brûle provisoirement le contrat de mariage morganatique qu'il a signé, mais un peu tard, avec la poésie, qui lui a résisté, hélas! comme jadis Émilie Guérin : cela fait un divorce de plus. Il compulse des arrêts qui, par malheur, se contredisent ; il active des huissiers, il visite des juges, il s'agite en tous sens, et il perd complétement de vue que la vraie gloire des artistes, celle qui n'a rien à craindre de la postérité, ne tient jamais plus à un lieu qu'à un temps ou à un arrêt. Le neveu croit en vain avoir pour partenaire la mémoire de son oncle : il est tout seul en en cause, il s'écoute dans ses avocats et il plaide, à vrai dire, pour que le monde entier entende parler de lui.

Les commissaires liégeois interjettent appel de l'arrêté de conflit près du ministre de l'intérieur; puis ils appellent au conseil du roi de la décision défavorable du ministre. Ainsi, plus d'une fois, notre enragé plaideur l'emporte, et un beau jour les scellés eux-mêmes sont levés. Mais vain espoir! dame Justice lui fait les doux yeux pour mieux le tromper, comme les autres. Aussi bien le conseil d'État a maintenu le conflit, et en statuant au fond, en 1828, il a donné gain de cause à Liége (1). Cette conclusion est tellement définitive, que Flamand-Grétry, devenu vieux, se trouve avoir tout fait servir, de la part qu'il a eue dans l'héritage de son oncle, à payer les frais du procès, qui a duré environ douze années. Pour tout bien il lui reste un lit à Sainte-Périne, dans lequel il a dû mourir le 28 juin 1843.

La ville. — Oui, c'est bien une ville; j'en atteste l'édifice sur lequel est écrit en lettres d'or : *Hôtel de Ville*. Serait-il d'ailleurs bien facile de traiter de commune le chef-lieu d'un canton qui se compose de 21 communes ? Montmorency, qui fait partie de l'arrondissement de Pontoise, est à 20 kilomètres de cette ville et à 17 de Paris. Les géologues en classent le terrain comme terrain tertiaire inférieur. Il y a sous la couche végétale de ce riche terroir de quoi bâtir dix autres villes en moellons, en pierres meulières, et, depuis que Montmorency est à la tête d'un embranchement de chemin de fer, depuis surtout qu'on parle d'établir un canal entre Pontoise et Saint-Denis, par la Vallée, la crainte se propage que toute la forêt ait à descendre d'un étage.

Le commerce local des fruits et des légumes se trouve relativement d'une grande importance. La Vallée de Montmorency est avant tout le verger de Paris: ses cerises, qui jouissent d'une renommée européenne, ne l'emportent qu'à peine sur ses brugnons, melons et quelques

---

(1) M. de Gerlache, ultérieurement premier président de la Cour de cassation à Bruxelles, et auteur de divers ouvrages littéraires et philosophiques, a prononcé un beau discours lors de la réception du cœur de Grétry à Liége.

autres produits de même nature. Quelle mortification facile pour les nonnains de Maubuisson, pour les moinillons de Saint-Denis et pour les jeunes confrères du père Cotte, qui faisaient maigre avec de pareilles cerises ! S'il en était offert plus fréquemment quarante beaux paniers aux quarante de l'Académie française, l'une des acceptions du mot *frugalité* deviendrait synonyme de *friandise*. Ne sont-ce pas des rubis fondants que représentent leurs faces dodues, fraîches et fermes, qui se voient de tous les côtés sur une assiette bien servie ? Est-ce qu'un sang virginal et pur ne circule pas sous cette peau fine ? Pourquoi ces queues, que cache si bien le fruit qui rougit sur l'assiette, sont-elles écourtées ? Parce qu'au dessert il faut des doigts d'enfant ou des doigts de femme aux jolies cerises. De plus longues queues de cerises, dont on fait une tisane, empêchent les fatigues de l'hiver d'altérer les traits et le teint. Puis, que de fois une famille parisienne achète, le dimanche, la récolte d'un cerisier pour en manger le fruit sur place, en grimpant d'une branche à l'autre ! Outre fruits et légumes, on vend, le mercredi de chaque semaine, sur la place du Marché, force châtaignes en hiver, des cercles de châtaigner en toute saison.

Depuis le règne de Louis XIV, Montmorency s'appelait Enghien, et le mot s'écrivait dans tous les actes *Anguien*. Un décret de la Convention nationale, du 7 brumaire an II, a mis en lieu et place le nom d'Émile. Puis, en 1813, un décret impérial a rétabli la dénomination originaire. Mais une ordonnance royale, datée du 24 janvier 1815, a renouvelé les lettres-patentes qui substituaient Enghien à Montmorency. Enfin une ordonnance du 27 octobre 1832 est rentrée dans l'esprit du décret de 1813, et la ville, depuis lors, a renoncé aux pseudonymes pour ne plus répondre qu'à ce nom, dont une famille, noble entre toutes, a toujours fait son premier titre de noblesse. Un Vte de Montmorency, membre de la première Constituante, n'a pas craint d'y demander l'abolition des titres de noblesse, et quel sacrifice personnel il semblait faire dans cette circonstance ! Toutefois, ne suffisait-il pas de s'appeler encore Montmorency pour garder le plus beau nom de France ?

La place du Marché est, à Montmorency, le point capital de la ville. Les ânes et chevaux de louage y sont attelés sous les arcades d'un vaste bâtiment qui date du siècle dernier; on appelle ces coursiers *les cerisiers de Montmorency,* parce que souvent ils ne marchent qu'à coups de badines, cravaches improvisées arrachées aux cerisiers de la route. Les pauvres bêtes sont tellement chevauchées, lorsque les cerises de la Vallée sont mûres, qu'elles n'ont pas le loisir d'en porter sur crochets, comme elles portent de l'engrais ou des châtaignes en hiver. La probité de ces locatis est exemplaire, assurément, en ce qu'ils reviennent tout droit sous les arcades aussitôt qu'ils ont démonté le cavalier novice qui les a pris pour aller en forêt. Malgré toute leur sobriété, ils n'ont pas encore fait la fortune, que je sache, des matrones qui les livrent incessamment aux ébats des promeneurs. Les *loueuses* de Montmorency ont presque toutes des figures de sorcières qui vous rappellent celles de *Macbeth;* mais, loin de faire une œuvre sans nom, comme les démoniaques de Shakespeare, elles donnent leur propre nom aux montures opiniâtres qu'elles ont l'art de s'assimiler. Tel âne s'appelle *Victoire,* tel cheval *Marguerite :* il n'y a pas de sexe sur la place.

Au-dessus des arcades, le café Bertelli règne depuis une trentaine d'années. Il s'y est rattaché une salle de spectacle qui pouvait contenir 250 spectateurs : on y a donné des concerts et des représentations dramatiques, voire même avec le concours de Laferrière, d'Ambroise, de Raphaël Félix, du couple Lacressonnière, de Mlle Augustine Brohan et de Mlle Déjazet.

Outre l'hôtel-restaurant du *Cheval-blanc*, auquel nous consacrons un article particulier à cause de son ancienneté, il y a, sur la place du Marché un *Cheval-gris*. L'enseigne du *Veau qui tête* est celle d'un pâtissier-restaurateur de la rue de la Réunion, dont l'établissement fut ouvert comme cabaret, cinquante années avant celle-ci, par Mme Charpentier, femme d'un bourrelier. Cotte, le curé oratorien, avait fait commerce d'amitié avec la famille Charpentier. Le fils, qui était pâtissier, succéda à la mère vers 1834, et chez lui que de repas de noces ! La maison de Mme Entraigues, sa belle-mère, nous l'avons vue et revue entre l'école et la mairie, sur l'ancien emplacement de la salpêtrière de l'Oratoire ; le mur de cette propriété est d'une ancienne construction, et rien que dans son épaisseur il tiendrait une pièce de vin. De la Salpêtrière il y avait jadis un passage, par la prolongation duquel les oratoriens pouvaient se rendre à couvert chez les mathurins, grâce à l'arcade jetée à l'endroit qui sépare maintenant la maison Leblanc de la maison Bridault.

Nos souvenirs personnels, en ce qui regarde la maison Entraigues, datent déjà de plusieurs années, et il en est de même pour les petits bals de l'Ermitage ; mais nous aimons à croire que les changements qui ont pu se produire sur ces deux points en si peu de temps sont peu sensibles.

La fête patronale de Montmorency, qui attire le plus grand concours, a lieu le dimanche qui suit le 25 juillet. Mais n'est-ce pas tous les jours fête, s'il fait beau, pour les maisons hospitalières qui se partagent l'élite des visiteurs ? Tous les dimanches, pendant la belle saison, M. Beaucé vient exprès de Paris pour faire danser les jeunes filles du pays sous les arbres de la Châtaigneraie, près l'Ermitage. La famille Leduc est propriétaire des arbres séculaires auxquels tiennent les lanternes du bal, et de l'emplacement sur lequel s'agitent les quadrilles ; mais elle n'exploite pas elle-même, puisqu'elle a pour fermier M. Beaucé. Honneur, trois fois honneur à cette réunion hebdomadaire qui a gardé sa couleur toute champêtre ! Sous ces robes bleues et roses, sous ces petits bonnets à rubans frais se trémoussent de vraies paysannes, et j'ai peur que pas une n'ait lu la *Nouvelle Héloïse*, livre d'amour que Jean-Jacques a écrit sous les tilleuls du voisinage. Mais est-ce que l'amour à ciel ouvert a besoin d'exemples ou de préceptes ? Le bal de l'Ermitage est un grand maître. Les quadrilles et les valses s'y succèdent rapidement, et l'orchestre fait merveille. Autour du parquet, dont le rateau a fait les frais pour les quadrilles, sont étagés des rangs de chaises : sur cet amphithéâtre mobile viennent s'asseoir, vers neuf heures, les dames de la ville, afin de jouir d'un charmant coup d'œil. Parfois les juges du camp descendent dans la lice, et les chapeaux de paille d'Italie ondulent, dans la foule des bonnets, comme les bluets coquets se mêlent aux épis des guérêts. Les jeunes villageoises gardent la prééminence ; elles ouvrent et ferment la séance à leur heure. Les allures des bals équivoques, peste des environs de Paris, sont bannies de ce lieu privilégié.

Autour de l'endroit où l'on danse sont établis des chevaux de bois, des balançoires, des étalages de mirlitons, des tirs, etc., qui encadrent bien le tableau. Un restaurant précède la Châtaigneraie ; un autre la suit ; et, le dimanche soir, ils servent d'abri aux danseurs et danseuses en cas d'orage. Mais le matin on y déjeune sans avoir à craindre le bruit. Là aussi commence la forêt. On y voit donc s'élancer à toutes brides quelques-uns de ces cavaliers improvisés qui embrasseront leur mère plus tôt qu'ils ne l'espèrent, car la terre est la mère de tous. En revanche, le piéton solitaire y chevauche la rêverie, monture plus capricieuse encore que les rétifs quadrupèdes de la place. L'un des deux restaurants s'appelait *Chàlet-de-l'Ermitage;* puis Simon Holtzinger y a arboré l'enseigne des *Trois-Mousquetaires,* et puisse-t-elle attirer tous les amis d'Alexandre Dumas dans cette hôtellerie ! On y montre quelques meubles qui ont appartenu, dit-on, à Jean-Jacques Rousseau : il s'agit d'une couchette, d'un canapé, d'un baromètre et de siéges qui ont effectivement le caractère de l'époque indiquée. Un casino rustique est annexé depuis peu au café-restaurant de l'hôtel ; l'autre maison, tenue par Auguste Homo, figure parfaitement dans la pléiade de celles que fait luire en été l'affluence des Parisiens. On y jouit d'une vue agréable et d'un calme ravissant, qui est bien favorable à l'égoïsme à deux, et aux douces espérances lorsque l'on est tout seul. Les chambres ne manquent pas chez Homo ; mais un arge parasol de chaume, un champignon hospitalier, y abrite la table de nos prédilections champêtres.

Une embarcation du même genre, également chargée de vivres, a jeté l'ancre un peu plus loin, dans les mêmes vagues de verdure, et Leprieur en est le pilote. De l'hôtel-restaurant dont il s'agit, qui a bien son mérite, on a une perspective sur la Vallée.

En somme, voilà une petite ville dans laquelle il se fait un mouvement sans égal de Parisiens et d'étrangers, venant passer l'année, le mois ou le jour ; le caractère de ses habitants a néanmoins gardé tout ce que la simplesse du village a de compatible avec l'esprit de sociabilité. Où trouver un hameau plus calme que Montmorency, malgré la procession incessante des curieux qui viennent y passer quelques heures? Ses rues, escarpées et sinueuses, sont un écheveau de fil que l'alignement moderne n'a pas mis sur le dévidoir; à chaque instant on y heurte l'imprévu, et la même maison, vue de divers côtés, semble autant de maisons nouvelles. Mais, depuis que Paris passe toutes ses rues à l'équerre, les petites villes font très-bien de mesurer l'angle droit avec parcimonie, pour qu'il y ait variété. La ligne courbe est bien celle que la nature préfère; Dieu lui-même n'aime pas la ligne droite, s'il nous en faut juger par son chef-d'œuvre, autrement dit par Ève. Au reste, pourquoi parler des rues? La verdure et les fleurs, qui dépassent chaque mur, font pleuvoir la jonchée sur le passage de tout le monde; les grilles des jardins ne cloîtrent ni le chant des oiseaux, ni le parfum qui s'exhale des corbeilles, ni les sourires mélodieux que le piano semble envoyer du salon à celui qui passe. Ces grilles laissent voir un paysage zébré à travers leurs barres peu discrètes; et, comme l'entrée d'une villa en est toujours le côté le plus pittoresque, l'étranger peut se passer du reste.

Quoi de plus campagne, je vous prie, que la ville au nom de laquelle nous venons d'évoquer tant d'ombres historiques! Elle est ville uniquement en cela, vous l'avouerai-je? qu'elle a une histoire bien à soi, et que des paysans hébétés ne s'y dérangent pas de leur chemin pour voir passer, comme une curiosité, chaque voyageur qui arrive. Des fontaines répandent l'eau et la fraîcheur de part et d'autre; des bains sont établis au centre; des cabinets de lecture offrent constamment, à ceux dont la vie n'est pas un roman, la faculté de lire des romans tout faits. Un air pur et des vues superbes, dus à l'élévation de Montmorency, d'admirables promenades, dont une forêt, et la richesse du terroir, tels sont les biens héréditaires qu'a légués, sans en rien retenir, l'ancienne ville à la nouvelle ! Le XVII° siècle n'avait semé qu'un château sur cette colline féconde : plus de deux cents villas délicieuses, dont quelques-unes sont encore des châteaux, en ont multiplié la graine.

Par exemple sous l'ancien régime les rues étaient moins longues, moins larges et moins nombreuses qu'à présent. Les murs de l'Oratoire, du côté de la plus grande église, la croix des Granges, près la fontaine Saint-Valéry, le moulin de Clairvaux, près le Pont-de-Groslay, le moulin de Jaigny, près le bois des Bourdonnais, et la croix Basset, sur le chemin de Soisy, paraissaient tellement loin, à la tombée de la nuit, que pas un habitant du centre, voire même M. le bailli, ne s'aventurait jusque-là sans une lanterne et bonne compagnie.

Depuis lors, la propriété s'est divisée et tend à se diviser encore. A ne compter même que les notabilités qui viennent là de Paris depuis un demi-siècle, Montmorency aurait beaucoup à faire. Essayons seulement d'emprunter à la villégiature moderne des renseignements dignes de faire suite à ceux qui ont déjà trouvé leur place dans la présente étude.

Target, le rival de Gerbier, avocat du prince de Rohan dans la fameuse affaire du collier, député aux États généraux par la prévôté de Paris, président de l'Assemblée législative, membre du tribunal de Cassation et de l'Institut, mort en 1807, a été propriétaire d'une maison dont nous nous sommes déjà occupés en parlant de M. Desnoyers, son gendre. Révolutionnaire exalté, par faiblesse plus que par nature, Target, en d'autres temps, n'eût laissé que de bons souvenirs ; mais on l'a vu secrétaire du comité révolutionnaire de sa section, dont un savetier était président, et il lui est surtout reproché d'avoir refusé de défendre Louis XVI.

Le géographe Gosselin, membre de l'Institut, a habité Montmorency à une époque plus rapprochée de la nôtre.

Le poète Antoine-Vincent Arnault, beau-frère de Regnault de Saint-Jean-d'Angély, et qui a contribué très-activement au coup d'État du 18 brumaire, secrétaire-général de l'Université, nommé membre de l'Institut en 1799, mais rayé du tableau en 1816, n'a pu rentrer en France que trois ans après ; il s'est retiré alors dans une petite maison de Montmorency. C'est là que l'auteur de *Marius à Minturnes* et de *Germanicus* a appris qu'il était porté pour 100,000 francs sur le testament de Napoléon ; c'est là qu'il a écrit ses dernières fables. Le poète de l'Empire subissait très-gaiement, dans la retraite, la suppression de ses emplois ; il a laissé les vers suivants, qui n'ont pas été imprimés, à M. Bridault père, propriétaire de la maison qu'il habitait :

> Trop heureux, dans la solitude,
> Qui peut partager son loisir
> Entre la paresse et l'étude,
> L'espérance et le souvenir ;
> Qui, les yeux ouverts, y sommeille,
> Et surtout en ferme l'abord
> A l'ennuyeux qui nous endort,
> A l'importun qui nous réveille !

Jean-Jacques-Emmanuel Sédillot, orientaliste et astronome, fils d'un notaire de Montmorency, est né dans cette localité le 26 avril 1777. Il a été l'un des premiers élèves de l'école instituée en l'an III pour l'enseignement des langues orientales vivantes. Après avoir étudié l'hébreu, le persan, l'arabe et le turc, il est passé maître à son tour; une place a été créée en sa faveur au bureau des longitudes, où l'on était curieux de recourir aux livres orientaux pour suivre la marche des sciences en Asie. Des travaux pleins d'érudition ont été insérés par Sédillot dans le *Moniteur*, dans le *Magasin encyclopédique*. Il a traduit un manuscrit d'Aboul-Hassan-Ali, sur l'astronomie des Arabes. Il était à sa mort, en 1832, secrétaire de l'école spéciale à la Bibliothèque du roi. Le Bon Sylvestre de Sacy, son ancien maître, lui a consacré dans les *Débats* une notice nécrologique. M. Sédillot fils, professeur d'histoire, a montré depuis la même prédilection que son père pour Montmorency.

Du temps de l'orientaliste, une grande propriété était occupée, d'après Dulaure (1), par M. Mauroy, et elle avait appartenu à M. de la Valette ; M. Goix en avait une autre, dont le parc très-étendu dominait la Vallée. Cette dernière indication nous porte à croire que M. Goix était prédécesseur de Mme de Mora.

C'est pourtant M. de Versepuy qui, vers le commencement du siècle, avait fait construire le château, au grand parc et à la belle vue, que Mme de Mora a habité l'espace de vingt-neuf ans, et dont dispose M. Rey de Foresta, maintenant maire de la ville. La propriété comprenait environ 70 arpents ; une grande partie en a servi à enrichir Montmorency d'un quartier neuf, dont les larges voies de communication sont dues à M. de Foresta. Ce nouveau groupe de villas, qui englobe aussi le terrain de l'ancien moulin de Jaigny, est placé près de la gare du

---

(1) *Histoire des environs de Paris.*

nouvel embranchement : on y jouit de charmants spectacles. Les passants remarquent par là, dans l'avenue Émilie, une petite maison d'artiste dans laquelle M. Huard a installé coquettement son imprimerie lithographique. La marraine de cette avenue est la fille même de M. de Foresta.

Le jeune Véry, fils du restaurateur le plus célèbre du Palais-Royal, ne comptait guère que parmi les viveurs quand la révolution de Juillet le fit officier de la garde nationale. Puis l'héritage de son père lui permit d'épouser une belle juive qu'il avait connue ouvrière, et dont la sœur se maria, de son côté, avec l'acteur Hippolyte Worms. La maison de campagne de M. et Mme Véry, qui souvent y reçurent le virtuose Tulou, appartient présentement à M. le Bon de Sedaiges. La situation, place au Pain, ne fût-elle pas celle de l'ancien fief de Châtcaumont, et l'arcade, au moyen de laquelle s'étend le jardin jusque derrière l'église, ne se rapporte-t-elle pas au pont que nous avons vu jeter sur une rue par le bailli Louis le Laboureur? Le vieux mur qui subsiste encore de ce côté provient de l'ancien château fortifié ou de l'ancienne enceinte de la ville, si ce n'est de tous les deux.

Le Mis de Gabriac, sénateur; M. Alexis Dumesnil, auteur d'une *Histoire de Louis XI* et d'une *Histoire de Philippe II d'Espagne;* M. Destouche, peintre de genre ; le Dr Perrochet, auteur d'un travail sous ce titre : *Essai sur la topographie physico-médicale de la Vallée de Montmorency;* Mme Anaïs Ségalas, l'orgueil et le charme de la place Saint-Jacques ; M. Grégory Ganesco, rédacteur en chef du *Nain Jaune ;* Michel Masson, le conteur populaire ; Alphonse Royer, auteur dramatique fort estimable ; Hippolyte Lucas, *idem ;* Anicet Bourgeois, dramaturge, dont les succès ne se comptent plus ni ne s'expliquent, et qui a séjourné sur le chemin de l'Ermitage ; M. Leturc, le plus grand serrurier que nous connaissions ; M. Boulouze, commissaire-priseur ; le duc de Valmy, sénateur, et M. Salet, son successeur aux Basserons ; le Cte de Beauregard, propriétaire d'un châlet près de l'Ermitage ; M. Chauffert, agent de change ; M. Robin, ancien maire d'Enghien-les-Bains ; M. et Mme Garfounkell ; la C^{sse} de Chamisso, dont le beau-frère, Chamisso, jeune Français émigré à l'âge de sept ans, est devenu à Berlin, avec distinction, poète allemand et naturaliste ; M. de Monmerqué, de l'Institut, dont la collection de Mémoires relatifs à l'histoire de France ne compte pas moins de 139 volumes in-8° ; Mlle Thérèsa, la chanteuse éminemment populaire ; M. Jolly-Belin ; le romancier Emile Souvestre, qui est mort à Montmorency : tous ceux que nous venons de citer ont figuré ou figurent avec honneur dans la riante colonie des Montmorencéens de la belle saison.

Par un jour de ladite saison, lendemain de la fête patronale, une nombreuse et joyeuse société, montée sur des chevaux et des ânes, avec accompagnement de mirlitons, s'arrêtait dans son trot irrégulier devant une maison qui était contiguë, ou peu s'en faut, à la demeure de M. Anicet Bourgeois. Il y avait en haut de la grille l'écriteau : *A louer ou à vendre*. N'était-ce pas une raison pour mettre pied à terre, si l'on voulait entrer en pourparlers ? Bien loin de là, la porte était forcée, et le jardin remis en friche par la cavalerie turbulente, laquelle avait pour commandant Mlle Rachel, la tragédienne en réputation. Les locataires sortants n'avaient pas eu le temps de boucler leurs malles que déjà il tombait des arrhes dans la main du propriétaire sur le prix d'une vente imprévue. Cette petite maison, précédée d'une pelouse vigoureusement ombragée, a été habitée par Mlle Rachel, avant le *Moulin*. On désigne encore de la sorte une belle propriété créée pour l'éminent interprète de Racine à la place d'un moulin; elle donne sur la rue de Paris, qu'on dit pareillement le *Pavé-Neuf*, bien qu'elle ne soit plus pavée du tout. Aujourd'hui, la famille de la tragédienne qui n'est plus a divisé ces deux maisons en cinq ou six, et son frère, Raphaël Félix, y rentrait dernièrement, travesti en roulier, pour se soustraire aux effets de la colère du public des théâtres de Lyon, qui ne voulait plus de lui pour directeur.

D'autres illustrations du monde dramatique ont acquis droit de cité depuis Rachel. Ne trouvez-vous pas qu'on respire un parfum d'opéra-comique dans les Basserons, près d'un châlet gracieusement posé pour donner plus de vue qu'il n'en prend? A qui donc ce châlet pourrait-il mieux appartenir qu'à Mme Marie Cabel? A l'autre extrémité de Montmorency, la pathétique Mlle Duverger joue, dans la rue Grétry, un double rôle, comme propriétaire. Son jardin est si grand, si riche, et sa maison si modeste, si mignonne, qu'on les croirait étrangers l'un à l'autre.

Outre les maires de Montmorency, dont le nom est venu déjà sous notre plume, il y a eu M. Carré, notaire. M. Émile Regnard, qui a porté ensuite l'écharpe de premier magistrat municipal pendant dix-sept années, est depuis collaborateur à divers recueils, notamment à la *Biographie Michaud*, dans laquelle il a consacré un article au père Cotte, de Montmorency, et à la *Nouvelle Biographie universelle* éditée par Firmin Didot. Le père de M. Regnard, juge de paix du canton de Montmorency pendant vingt-cinq ans, avait été nommé par Cotte son exécuteur testamentaire. M. Martinet, ancien agréé au Tribunal de commerce de Paris, et le colonel Marnier, dont les livres ont leur mérite. sont les deux maires qui, ayant succédé à M. Regnard, ont précédé M. Rey de Foresta.

M. Martinet nous ayant dit, pendant l'exercice de ses fonctions, que la population de Montmorency était déjà de 2,051 âmes, nous avons tenu à comparer ce recensement avec celui de 1726, qui ne s'élevait qu'à 1,115. Notons même qu'en l'année 1709, il ne s'énumérait pas plus de 364 feux.

Les Champeaux. — La forêt de Montmorency, qui s'étend sur le plateau par lequel toute la ville elle-même est dominée, contient 2,500 hectares et forme l'un des bouquets de cette vaste étendue de bois qui règne presque sans interruption sur la rive gauche de l'Oise. Le lit de la Vallée a pour rideaux ces hauteurs verdoyantes, sur lesquelles se repose la vue, et qui gardent d'orage une contrée privilégiée. Au xv° siècle la Vallée était tout l'espace compris entre ces bois et les bois de Meudon, large vallon, coupé par la Seine, qui formait le duché-pairie; aujourd'hui la rive gauche de la Seine et Pontoise ne font plus partie de cette Vallée. Toutefois il semble encore, à vol d'oiseau, que le Panthéon, les Invalides et l'arc de triomphe de l'Étoile soient ses seules limites vers le sud; que Dammartin, du haut de sa montagne, et Pontoise, que l'on voit aussi, la bornent de l'autre côté. Nous la circonscrivons, quant à nous, dans vingt-neuf communes, dont la nomenclature sert de sous-titre au présent livre, et nous sortons en cela le moins possible du canton de Montmorency actuel. Ce canton, au surplus, comprend toute la forêt de Montmorency.

Que de trésors offrent ces hauts parages au botaniste parisien! Aussi beaucoup d'élèves arrivent-ils par colonnes avec des boîtes de ferblanc sur l'épaule, afin d'herboriser sur la colline, sous la direction de leur professeur. La science par conséquent va en forêt, tout comme l'amour, comme la poésie. Louis le Laboureur, frère de Jean, s'est laissé inspirer par la forêt de Montmorency, en quelques vers, la jolie élégie suivante :

— Que fais-tu dans ces bois, plaintive tourterelle ?
— Je gémis, j'ai perdu ma compagne fidèle.
— Ne crains-tu pas que l'oiseleur
Ne te fasse mourir comme elle ?
— Si ce n'est lui, ce sera ma douleur.

Les Champeaux de Montmorency sont une éclaircie de la forêt. Ce n'est pas sans danger qu'on y choisit pour siége ou piédestal un tertre élevé à pic sur une carrière béante. Mais de la peine qu'on a eue, pour monter aux Champeaux, on se sent amplement dédommagé par une perspective qui va plus loin encore que celle dont on a joui des points de la ville les plus favorisés.

L'aiguille du clocher a beau s'élever, l'église sert d'entresol à la forêt. Ce n'est pas de la plate-forme de l'église que l'on peut embrasser un ensemble dont les détails sont autant de tableaux ! Si le spectateur, par exemple, est placé au pied de l'église, ou du moins au même niveau, il n'a pour horizon en face de soi que les collines de Meudon et de Saint-Cloud, semblables à de molles vapeurs que seraient en train d'exhaler les monuments de Paris placés devant. Ces colonnes et ces dômes lointains qui dominent des milliers de toits, ont l'air d'être les rois, les cavaliers, les fous et les tours d'un gigantesque jeu d'échecs, et l'échiquier commence à l'arc de triomphe de l'Étoile. A gauche, le regard s'étend sur la plaine Saint-Denis, avec les points élevés de Montmartre pour limites.

Mais, du haut des Champeaux, un nouveau livre immense, avec images divinement coloriées, s'ouvre à vos pieds, pour ainsi dire, et le présent ouvrage ne serait-il pas que le sommaire de ce livre ? Dès que vous avez fait élection, à travers le sable, d'une éminence de terre, avec de la bruyère pour toute futaie, qui puisse vous tenir lieu de plate-forme, vous contemplez à l'aise un panorama délicieux qui diffère de celui que nous venons d'esquisser, et qui l'emporte certainement en grandeur. Gracieux tableau, anime-toi ! Pour assister au lever du soleil, on est parfaitement placé sur la terrasse de Saint-Germain-en-Laye ; par contre, les cimes touffues de la forêt de Saint-Germain sont le lit du soleil couchant, vues des Champeaux. Les hauteurs de Sannois et de Corneilles s'empourprent les premières sous les derniers rayons, dont la marche semble se ralentir ; mais la locomotive du ciel avance toujours en ligne droite, et une blanche fumée, vague restitution de la rosée, s'élève des campagnes dépassées. La Vallée tout entière est amoureusement enlacée par le regard ; des parfums mystérieux, des mélodies inouïes viennent d'en bas, pendant que le spectacle de l'horizon incandescent passe par degrés au crépuscule. Les vapeurs se condensent en nuages, puis en ténèbres, et bientôt il ne reste plus que la silhouette frémissante des arbres et des montagnes. Çà et là, les premiers feux s'allument, et les suprêmes bruits s'assoupissent. Le lac paraît dans l'ombre une grande vitre dépolie, un large bassin de bitume refroidi. Toutes ces belles maisons qui sont distantes l'une de l'autre, s'éclairent à la fois pour veiller tout le soir sur celles qui s'endorment de bonne heure, et on dirait que leurs croisées luisantes reflètent chacune son étoile ; chaque village est une voie lactée. Ces grandes maisons n'éteignent leur clarté qu'une à une.

Le seul bec de gaz qui semble illuminer Paris, n'est qu'une tache éclatante dans le lointain, à gauche. Tout se devine, rien ne se distingue dans cette pénombre éloignée, qu'enveloppe le silence de la mort, comme s'il était réellement un linceul. Mais un coup de sifflet déchire tout à coup ce silence ; les cornes d'appel répondent l'une après l'autre à ce qui-vive de la locomotive, et une lueur apparaît qui marche : c'est le disque éblouissant qui précède le convoi du chemin de fer du Nord. Des éclairs et des nuages couronnent la machine, qui sème sous elle une poussière de feu, comme pour reconnaître sa route. Le soleil de la nuit poursuit ainsi sa course d'un pays à un autre.

Le Cheval-blanc. — Les gens superficiels qui ont couru le monde des voyages d'agrément vantent sans restriction les grands hôtels de Genève, d'Interlaken, de Baden, de Coblenz, de Cologne et de Francfort. C'est le *nec plus ultrà*, pensent-ils, du beau, du confortable et de la *respectability*. A d'autres, pourtant, à d'autres, messieurs les enthousiastes de la forme ! Les Théophile Gautier de la vie de voyage adorent le vestibule à marches de marbre, avec de gros cactus bien encaissés pour sentinelles ; les suisses sur le seuil, chargés uniquement d'introduire ; les tables de quatre-vingts couverts, avec réchauds de Ruolz au plus fort de l'été, sous chaque plat ; les sommeliers ayant à découper les pièces de la table, hors de la vue même des convives ; les grosses pièces de viande ou de poisson, légèrement attendries au four ; les légumes cuits à l'eau comme pour des anachorètes ; les petites assiettes de métal contenant la rognure des grosses pièces, présentées une à une au dos des voyageurs, qui gardera mémoire de la sauce ou du jus, à défaut de l'estomac, qui les eût pris peut-être pour de la houille ; enfin les vins du crû germain, ou ceux de France modifiés, servis avec deux verres, dont un à pied, mais dans des conditions de pique-nique ou de parcimonie tellement étroites qu'il serait injurieux pour une dame, votre voisine à table, que vous fussiez son échanson. Ces fantaisistes en matière conviviale, ces infidèles voués au culte du veau d'or ont tellement exalté les passions anglomanes dans les hôtels bien fréquentés qu'avant peu il y sera impossible de dîner, et que les chefs de cuisine français s'y sont gâté la main à tout jamais. La France elle-même, faut-il le dire, menacerait de devenir anglo-américaine sur ce point important si les gens de goût n'y prenaient garde. Il est temps, grandement temps, de mettre un frein aux prétendus progrès qui sacrifient le fond à la forme, l'esprit aux phrases, le sens et l'idée à la rime, la vraie bouteille aux carafes de cristal. La seule chose peut-être à garder de tous les progrès d'outre-Rhin, en ce qui regarde la vie d'hôtellerie, ce sont les robes de linge blanc, qui font presque un autel et comme un petit reposoir de la Fête-Dieu, constamment renouvelé, du lavabo dressé auprès du lit. Le reste est une théorie superflue, aussi coûteuse que gênante. Trop de cérémonie fait honte hors de chez soi à qui n'en a pas l'habitude, et celui qui en a le faible ne quitte guère sa maison que pour s'en délasser. Vive l'ancienne auberge embellie, ayant la cuisine pour entrée, le maître de la maison pour chef et des bonnes accortes pour ministres ! J'ai fait dix fois le voyage d'outre-Rhin, et je n'ai jamais su dîner qu'en revenant, dans l'un des hôtels secondaires de Lille ou de Metz. Le *Cheval-Blanc* de Montmorency mérite encore sa célébrité, grâce au maintien des meilleures traditions et du caractère national. Le luxe de création moderne n'a d'accès chez le successeur des Leduc qu'à bon escient : il en prend, il en laisse.

Quatre Leduc, de père en fils, ont dirigé la maison depuis sa fondation, en 1739, du temps où le maréchal de Luxembourg allait faire du château de Montmorency un œil-de-bœuf et un bureau d'esprit. Leduc, deuxième du nom, était le grand agent-voyer du prince de Bourbon-Condé, tout en tenant l'auberge, grosse d'avenir, qui comportait alors le four et l'étalage de pâtisserie. Ce second roi de la dynastie Leduc portait d'une manière topographiquement invariable le bonnet de coton au nord, c'est-à-dire sur la tête, la culotte de peau au midi. Vieux avant la Révolution, il ne vit pas la moindre épée de Damoclès suspendue sur sa coiffe, dont la mèche et dont la couleur n'avaient rien du bonnet phrygien, quand la Bastille s'écroula à Paris. Bientôt les nobles eurent à se cacher, et ceux qui n'allèrent pas s'enrôler dans l'armée de Condé prirent des déguisements, pour n'être pas justiciables de la Révolution. Un des innombrables cochers qui connaissaient le père Leduc eut l'imprudence de prononcer son nom en le rencontrant dans une rue de Paris. On le prit aussitôt pour un ci-devant déguisé, pour le *duc d'Enghien*, et on arrêta bel et bien un homme qui avait été l'officier de bouche des encyclopédistes, des philosophes, des déistes, autant que celui de l'ancienne cour. Un calembour involontaire lui valut de la sorte une incarcération momentanée.

Quels que fussent les gouvernements, les tables du *Cheval-Blanc* sont demeurées le caravansérail du monde entier. Mirabeau et Cambacérès, Rostopsdchin et Walter Scott, Ledru-Rollin et Berryer, Fenimore Cooper et le Bon Taylor, Gavarni et Alfred de Musset s'y sont assis avec prédilection à des époques qui tiennent l'une à l'autre. Le reste de l'univers connu y est venu dans un incognito plus ou moins transparent.

La renommée du *Cheval-Blanc* ne date pas seulement d'un jour que cinq ou six jeunes gens, entre autres Isabey et Gérard, y ont passé vers 1792. A cette visite seulement remonte la consécration purement artistique de la réputation d'une maison qui avait déjà pris des proportions assez considérables. Comme cette aventure a été racontée de diverses manières, nous allons rapporter les faits tels qu'ils se sont passés. C'était sous Leluc II. Nos cinq ou six jeunes gens, au surplus coutumiers du fait, avaient passé quinze jours dans la maison et leur carte à payer s'élevait à 1,800 fr. — Tu nous sales, dit Gérard au père Leduc, deuxième du nom. Oublies-tu que nous sommes la jeune France?... (Gérard et Isabey, d'immortelle mémoire, ne se doutaient pas encore qu'on les traiterait un jour de perruques en matière d'art!) Les éminents artistes finissent par obtenir un rabais de cent écus sur la note totale, en demandant deux planches pour y peindre une enseigne. — Ton Cheval blanc, poursuivent-ils, n'était pas même une enseigne peinte; nous allons justifier l'invocation écrite qu'a prise ta maison.

Le cheval blanc de Gérard a été refait par lui seul en 1815. Louis-Philippe, duc d'Orléans, a visité alors l'atelier du grand peintre, et il a demandé à soulever le rideau qui cachait une toile inédite; Gérard s'est opposé à ce que le prince eût les prémices de cette œuvre populaire. — Ce tableau, monseigneur, dit-il, a été fait, il est vrai, pour un duc, pour celui de Montmorency. — En ce cas, répond le prince avec la meilleure grâce du monde, j'assisterai chez Leduc à l'inauguration qui en sera faite.

Henri Leduc, le dernier restaurateur de la même

souche, est le filleul de la B^{ne} Gérard. Lorsqu'il a pris les rênes de la maison actuelle, il a acheté l'enseigne à la succession paternelle. On lui en a offert depuis, mais en vain, 12,000 francs. Maintenant M. et Mme Henri Leduc exploitent à Paris un fonds de comestibles qui, sous la dénomination d'*Hôtel des Américains*, est connu de temps immémorial. Leur successeur à Montmorency est M. Garnier, auparavant restaurateur et maître-d'hôtel à Paris.

Le *Cheval-blanc*, quoique embelli et agrandi, conserve ses anciennes chambres, confidentiellement historiques, ses cabinets particuliers dans lesquels, sans indiscrétion plus d'un bâtard d'aujourd'hui est chez lui ; mais les mémoires justificatifs n'en seront jamais publiés. On trouve une foule de noms, la plupart inconnus, écrits avec des chatons de diamant sur les vitres et sur les glaces. C'est à ne plus pouvoir se faire la barbe dans les chambres sans le secours d'un miroir pendu à la fenêtre. Nous avons remarqué parmi ces légendes singulières des mots qui, après tout, sont déjà mis par d'autres que par nous sous les yeux du public : *Adélaïde et Caussidière, Alexandre Dumas et Isabelle Constant à gorge plate, Louis Blanc et son Adèle, Cico et Schey*, etc., avec des dates commémoratives, qui parviendront à la postérité. Un jeune homme, Henri Labattut, qui a trop tôt fini de bien vivre et de vivre, a été une fois surpris par un garçon en flagrant délit d'inscription, à l'aide d'un diamant, sur une glace ; il a été forcé de payer le dommage.

Ce nom de feu Labattut rappelle une grande époque du *Cheval-blanc*. Lord Seymour, Roger de Beauvoir, Charles de Boignes, Arthur Bertrand, etc., vers 1832, faisaient leur rendez-vous de chasse accoutumé de cette hôtellerie privilégiée ; des meutes de jolies femmes s'y abreuvaient de champagne, à défaut de cerf, sous les ordres de piqueurs riches, élégants, infatigables. Un jeune homme, Gustave Froment, qui mourut, lui aussi, en cavalier désarçonné, était contemporain de Labattut. Un jour il demande à la bonne un immense chaudron qu'il remplit d'eau-de-vie et de rhum, et un pain de sucre entier, pour faire du punch. Survient le père Leduc au moment où tout s'enflammait: — Que faites-vous? dit-il à l'imprudent et à ses complices; vous allez brûler ma maison. — Mettez-la sur la carte, répond Gustave Froment, en continuant ses apprêts homériques.

Une autre fois, dit-on, vers le même temps, un auteur, bien connu ensuite comme préfet, attendait chez Leduc un artiste distingué de l'Odéon, théâtre dans lequel il avait fait jouer des pièces, et le rendez-vous était pris pour dîner tout bonnement en tête-à-tête dans le salon commun. Une rencontre imprévue ayant amené des modifications à leur projet, une partie carrée s'organisa en chambre particulière. Les deux dames invitées n'ayant pas autant de charmes l'une que l'autre, le champagne et la nuit tombante firent le niveau. Celui des deux amphitryons qui avait adressé ses hommages à la plus jolie, commença, sous les riants auspices du *Cheval-blanc*, le roman d'une passion durable: c'était l'artiste; mais celui que l'occasion avait seule séduit fit dire à l'autre dame, le lendemain matin, par une servante que, sur l'ordre exprès du ministre, il était obligé de rejoindre sur-le-champ son poste de consul à Alep. Huit mois et demi plus tard, notre futur préfet, qui était demeuré bien tranquille à Paris et qui avait oublié tout à fait la bonne fortune de Montmorency, recevait la lettre suivante:
« Monsieur, mes prévisions ne m'avaient point trompée; je suis enceinte, et c'est jouer de malheur que l'être des

œuvres d'un homme qui ne fait que de méchantes comédies. Dites à ma femme de chambre, qui est chargée de vous remettre la présente, quels noms vous donnerez à l'enfant. » — C'est ta faute, dit l'auteur à son ami le comédien, qui précisément était là. Tu gardes l'endroit des médailles, et tu me laisses les revers. Vois un peu ce qui en résulte. — Tout au moins, risque l'autre avec timidité, sois honnête homme, et reconnais l'enfant, si la mémoire te rappelle qu'il soit bien de toi. — Va-t-en au diable, pour le coup! fit l'auteur. Je serais déjà fort en peine s'il fallait reconnaître la mère.

En 1838, il est mort une bonne femme, la mère Meunier, âgée de 103 ans et 4 mois, qui comptait 76 années de service dans la maison Leduc, après avoir servi Jean-Jacques. Les plus vieux Parisiens, près d'elle, se croyaient jeunes. Jusqu'au dernier moment, la bonne femme ratissait des légumes, assise près de la porte, après avoir été longtemps la plus alerte fille d'auberge. Les habitués de la maison, tels que MM. Véron et Jouslin de la Salle, n'eussent jamais oublié, il y a vingt-cinq ans, de la faire monter au dessert, pour boire un verre de champagne. On a acheté pour la mère Meunier, par gratitude, un terrain à perpétuité, auprès de la sépulture de la famille Leduc; son portrait au crayon reste à sa place dans l'hôtel, et il y a plus d'un vieux dîneur qui, en passant, vient sourire à la centenaire, dont la ressemblance est parfaite. La mère Meunier avait connu l'époque des incroyables, et mis la nappe pour les beaux du Directoire; elle savait par cœur plus d'une chanson du Caveau, que lui avaient apprise le Ch^{er} Piis et Désaugiers; elle avait vu passer aussi la turbulente génération de 1830 qui, une fois, avait fait monter un âne avec des cordes, par la croisée, dans le grand salon du premier.

Aussi bien on ne dresse pas que de petits couverts au *Cheval-blanc*; il s'y célèbre de véritables noces, tout comme des amours qui s'en passent. La littérature dramatique et la petite presse n'y prennent actuellement leurs ébats qu'en marchant sur des traces qui font autorité. Alexandre Dumas et Amédée Achard, Emile Augier et Mlle Rachel, n'ont-ils pas eu la qualité d'habitués de la maison? Le dîner politique a osé lui-même se produire sur cette scène aristocratique, où pourtant bien des démocrates sont venus jouer des bouts de rôle. M. Lefebvre-Duruflé, étant ministre de l'agriculture et du commerce, a dîné là avec M. Véron et d'autres membres du Corps législatif, gracieusement servis par Pauline, qui depuis lors tient un café à Paris près l'Ecole de Droit. Sous Louis-Philippe, le duc de Montpensier descendait quelquefois de cheval à la porte de la maison Leduc, plus fréquentée par le prince de Joinville. De plus, étant déjà l'arbitre des destinées de la France, mais avant de quitter le siége présidentiel de la République, le prince Louis-Napoléon a honoré le *Cheval-blanc* de ses visites réitérées.

DEUIL

DEUIL

La commune de Groslay, ayant fait son lavoir d'une pièce d'eau de 34 hectares d'étendue, qui appartenait à la commune de Deuil, paie à celle-ci une redevance annuelle pour l'en indemniser. Nous demandons pardon à ce lac du Marchais de l'avoir pris d'abord pour une mare. Mais du moment qu'il n'est pas suffisant de l'appeler étang du Marchais, pourquoi le lac d'Enghien ne se dirait-il pas la Méditerranée de la Vallée? L'ancien fief du Marchais, y compris l'eau, était enclavé dans la terre de Groslay, mais dépendait de la paroisse de Deuil. Sous Louis XVI le fief appartenait à Dauger de Bagneux, seigneur de Groslay; vers l'année 1710 à Gaillon; sous Charles IX à Antoine Fayet, trésorier de l'extraordinaire; en 1470 à Jean-le-Picart, pronotaire du roi, successeur de Mathieu d'Ozonville; et sous Philippe le Bel à Guillaume de Garges.

Le seigneur Ércold avait retrouvé miraculeusement, dans un état parfait de conservation, le corps de saint Eugène, restitué par le lac du Marchais, dans lequel il avait été jeté, déjà sans vie, quatre ou cinq siècles auparavant, vers l'an 95; l'inhumation tardive en avait eu lieu avec pompe par les soins d'Ércold, à la place où s'élève encore l'église de Deuil, et où s'était élevé un temple de Mars. De plus un oratoire avait été établi au bord du lac, et l'on s'interdisait d'en troubler l'eau tout le jour de la fête du saint. Il n'y a pas longtemps qu'on faisait encore, le mardi des Rogations, une procession expiatoire au Marchais, en y chantant les louanges de saint Eugène, et la tradition en remontait à la découverte du corps.

Comme ce martyr est le patron de Deuil, le moyen de passer sous silence les principaux actes de sa vie! Il s'appelait d'abord Marcellus, et il descendait d'une famille à jamais illustrée par Virgile : *Tu Marcellus eris!* Saint Pierre lui donna l'instruction chrétienne et le baptême, à Rome. Clément Ier le fit ensuite partir avec l'ancien président de l'Aréopage, saint Denis, premier évêque d'Athènes, lequel, avec ses compagnons, allait catéchiser les Gaules. Mais Eugène, les quittant à Arles, suivit une autre route, passa les Pyrénées, et l'église primatiale de Tolède lui dut sa fondation. De retour à Rome, il y était témoin des persécutions, que rappelle notoirement la décapitation du pape Sixte II. Devina-t-il, lui fut-il révélé que, sur les hauteurs de Montmartre, Denis, Rustique et Eleuthère ceignaient aussi l'auréole du martyre? Lorsque leurs corps furent déposés dans la chapelle de Saint-Denis-de-l'Estrée, l'archevêque de Tolède ne s'en occupa-t-il pas? A trois milles de là tout au plus, il tombait bientôt au pouvoir des satellites du même proconsul, Fescennius Sisinnius, qui avait ordonné la mort de saint Denis et de ses deux compagnons. Attaché, torturé sans doute, où reçut-il le dernier coup? A l'endroit qui, longtemps après, fut choisi pour sa sépulture.

Elle devint, d'après la légende, le théâtre de nombreux miracles. Sous Pépin, premier roi de la seconde race, le seigneur Hectilon, parent et chambellan du roi (1), était

---

(1) *Princeps cubiculariorum.*

malade au palais de Verberie, près Senlis ; il avait envoyé ses offrandes à l'église de Saint-Denis, sans que cette pieuse démonstration améliorât l'état de sa santé; un songe lui conseilla alors d'aller en pélerinage à Deuil, et les mérites de saint Eugène, dit-on, guérirent le mal dont il souffrait. Dame Rictrude était aveugle, à Rouen ; elle recouvra la vue en s'agenouillant près de la même tombe. Une autre matrone des plus nobles amena, des environs de Lyon, sa fille âgée de dix ans, qui était *lunatique*, dit la légende, et si cette maladie se traitait encore, tous nos médecins se trouveraient sur les dents ; en tous cas, le curé de Deuil, lequel avait nom Isambard, guérit la jeune personne lunatique. Ces faits ne sont pas les seuls du même genre qui aient justifié la canonisation du premier prélat de Tolède. Des guérisons, toujours des guérisons ! Les incrédules se récrient. Mieux vaut encore raisonner. La campagne, les voyages améliorent la santé, même dans les pays qui ne sont pas catholiques. La prière, ce souverain baume, ne donne pas que la force de souffrir ; elle offre à Dieu le mérite de la douleur, et c'est encore plus l'atténuer qu'en lui disant : tu n'es qu'un nom ! L'intervention divine se trahit dans tout ce qui est beau ou salutaire, et jusque dans les cures opérées par les plus grands médecins de notre époque. En des temps moins éclairés, on attribuait peut-être trop exclusivement à Dieu ce que des hommes plus pieux et plus savants que tous les autres produisaient réellement de bien en s'inspirant de la divinité. De faire les parts bien justes, en pareil cas, c'était encore moins donné au moyen-âge qu'au siècle où nous vivons. Passez en revue les mille cures merveilleuses rapportées par Bordeu dans son *Journal de Barèges*, et même, sans aller plus loin, ouvrez les livres qui traitent des heureux résultats obtenus par les eaux d'Enghien. Impies seraient en médecine, et même aveugles, ceux qui voudraient douter des vertus médicamenteuses de la source Cotte, par exemple, car le nombre des bons effets est évident, frappe tous les yeux; mais on ignore toujours, malgré les analyses chimiques, pourquoi le soufre et le fer agissent de telle façon sur telle disposition de l'organisme humain, car c'est le secret et c'est la part de Dieu. A lui les causes, à nous les effets. L'athée lui-même traite de miracle le rétablissement de sa santé dû à la douche, au bain et au verre d'eau. Il y a beaucoup d'analogie, au fond comme dans la forme, entre les guérisons racontées dans la *Vie des Saints* de Surius ou des Bollandistes, et celles constatées par les médecins thermaux; ce rapport seul donne à penser. La science humaine perd et gagne tour à tour, en jouant avec l'inconnu. Tout ce qu'on a le droit d'avancer, c'est que médecins et agiographes se complaisent à enregistrer les réussites remarquables, sans tenir compte des déconvenues. Mais il n'est pas possible de supposer que des faits présentés en si grand nombre, et publiquement, aient été, soient jamais des inventions de comédies. Ce qui se passe de nos jours dans les localités thermales, avec notoriété incontestable, avait jadis des lieux saints pour théâtre et le peuple entier pour public; si la religion en profitait, c'était au nom de l'auteur souverain du bien. Le récit des miracles opérés sur la tombe de saint Eugène, à Deuil, nous prouve une autre chose, c'est que peu de cures du diocèse sont aussi vieilles que celles de cette paroisse.

Les reliques du saint étaient si vénérées que le prieur de Deuil et ses religieux les portèrent solennellement, avec un grand concours de peuple, à l'abbaye de Saint-Denis, afin de conjurer, par cette pieuse démarche, un grand malheur public, qui devait être, selon nous, l'une des invasions des Normands. On dit que les porteurs de la châsse y furent frappés d'une immobilité qui les empêcha de revenir avec leur précieux fardeau. Aussi bien la prudence pouvait autoriser un sacrifice volontaire, à la veille d'une ruine que l'église de Deuil ne pouvait éviter. Les trois églises du diocèse qui parvinrent seules à se racheter du pillage, en payant rançon aux Normands, furent celles de Saint-Denis, de Saint-Germain-des-Prés et Notre-Dame. La partie des reliques restée à Deuil n'était plus assez forte pour qu'on n'espérât pas de la soustraire au fer et à la flamme qui avaient menacé la totalité. Saint Gérard, seigneur près de Namur, se fit recommander puissamment pour obtenir qu'il lui fut fait, en vue de la fondation d'une abbaye, une part dans le trésor de la châsse de saint Eugène; mais il ne l'obtint qu'à grand renfort de concessions, et après dix années passées en religion à l'abbaye de Saint-Denis.

Les moines de Saint-Denis tirent déjà du vin des vignes de Deuil, sous le règne de Charles-le-Chauve, qui ne dédaigne pas de se faire leur abbé. Un siècle plus tard, c'est-à-dire au x⁰ siècle, l'église est privée de ses religieux; elle appartient, ainsi que le village, aux sires de Montmorency, jusqu'à la promulgation d'une belle charte en latin dont voici la traduction : « Qu'il soit connu aux fidèles du Christ, et en particulier à mes successeurs, que moi, Hervé de Montmorency, désirant obtenir la rémission de mes péchés et l'indulgence de Dieu pour les âmes de mes parents et prédécesseurs, je confère une partie de mes biens aux pauvres du Christ servant Dieu sous l'habit monacal, dans le monastère de Saint-Florent-de-Saumur, afin que je puisse obtenir, par leur suffrage, ce que je ne puis obtenir par le mérite de mes œuvres. Qu'il soit donc connu de tous ceux que cela intéresse, que je leur donne l'église du bienheureux Eugène, de Deuil, solidement et paisiblement, comme je la possède, à savoir les offrandes, la sépulture, les hôtes de l'atrium et la dîme des alleux de Montmagny. Je leur donne aussi l'église de Gonesse et ma part de dîme et de sépulture, et tout ce que j'ai dans ladite église, à l'exception de mes hôtes de l'atrium (1). »

Douze bénédictins de Saint-Florent prennent donc possession du monastère de Deuil, avec cens et justice dans le pourtour dit *atrium*, et l'évêque autorise leur établissement en 1072; ils attiennent à l'église, mais ne la desservent pas; le curé est à leur présentation. Bouchard, fils d'Hervé, et d'autres Montmorencys dotent ce prieuré qui s'enrichit, par conséquent, d'une terre à Épinay, du four de Soisy, de droits en nature sur le moulin de l'étang, etc. Toutefois le prieuré continue à servir au seigneur maintes redevances en nature, c'est-à-dire une portion des dîmes. En 1221 seulement, le connétable Matthieu gratifie les templiers de Montmorency de la moitié de ce que lui doivent les moines d'en bas de la côte. Les seigneurs prennent ainsi d'une main, pour donner de l'autre; mais il en résulte des querelles dont les incidents font du bruit. Tantôt Matthieu empêche les moines de faire tranquillement leurs vendanges, tantôt ceux-ci incendient une maison. Plus tard, en 1294, le monastère abandonne aux Montmorencys la prévôté de Deuil, en échange de la terre de Saint-Marcel, située à Saint-Denis. L'évêque de Paris élève des réclamations, une saisie est opérée, et un procès instruit en parlement, dont nous ne savons pas le résultat définitif. Une autre

---

(1) André du Chesne, *Histoire de la Maison de Montmorency*, in-folio, 1624; preuves, page 35.

fois Bouchard-Montmorency renonce à avoir des garennes sur le territoire monastique, moyennant une redevance, convention que confirme le roi Charles le Bel.

Le premier supérieur connu de ce monastère s'appelait Foulques, et le plus célèbre docteur de son temps ouvrit une école dans le prieuré. Les religieux de Saint-Denis ne voulaient plus entendre cet Abailard, dont les doctrines allaient être l'objet des réprobations de saint Bernard et des condamnations de l'Église ; le docteur se plaignait, en revanche, de leur jalousie et de leur peu de régularité. Eut-il à se louer davantage des sympathies du prieuré ? En tout cas, il ne tarda pas à se réfugier au Paraclet. Il reste une lettre de Foulques, dans laquelle il conseille à Abailard la résignation, et il plaint beaucoup moins l'amant de l'humiliation déjà subie qu'il ne félicite le sage de n'avoir plus à craindre les tentations qui firent la terreur d'Origène ; un autre passage de la même lettre eut pu consoler Héloïse de la disgrâce d'Abailard, en butte aux reproches que voici : « Tout ce qu'en pérorant et en vendant ta science, tu pouvais acquérir d'argent, après avoir pourvu à la nourriture de chaque jour et aux usages nécessaires, tu ne cessais, comme une relation me l'a appris, de l'abimer dans le gouffre des fornications ruineuses. L'avare rapacité des courtisanes t'avait tout enlevé. »

Après Foulques vient Daniel, contemporain de la fin du règne de Louis VII. Le pape Alexandre III lui envoie une bulle qui place l'église de Saint-Eugène sous la protection de saint Pierre. Non-seulement le prieur présente, malgré les prétentions de l'évêque, à la cure de Deuil ; mais encore il jouit du même droit sur les paroisses de Groslay, de Gonesse et deux ou trois autres.

Si le successeur de saint Pierre a les regards fixés, de si

loin, sur le petit village de Deuil, c'est que la cour de Rome n'a rien alors à refuser à Louis VII, dont le secrétaire est né au bas de la côte de Montmorency. La seconde croisade contre les infidèles a fait passer la mer au roi de France, et Louis-le-Jeune, en Palestine, au milieu du camp des croisées, fait écrire ses lettres par un moine de Saint-Denis, nommé Odon de Deuil. Cet enfant du pays, en revenant de la guerre sainte, compose une relation, divisée en sept livres, du voyage du roi en Orient, et elle restera une des sources de l'histoire. Suger, abbé de Saint-Denis et ministre de Louis VII, a gouverné le royaume avec sagesse pendant l'absence du roi; il est remplacé, en 1152, comme supérieur de l'abbaye royale, par Odon. Plus tard, il sera reproché à cet abbé d'avoir cédé aux instances de Raymond, archevêque de Tolède, en lui portant un bras de saint Eugène, que le gendre du roi de France, Alphonse de Castille, a reçu en personne le 12 février 1156. Odon cesse de vivre, à six ans de là. Du même village est le Raoul de Deuil, doyen de la cathédrale de Senlis, qui passe, au commencement du siècle XII; chanoine régulier de Saint-Victor à Paris.

Renaud, prieur en 1241, consent à ce que le chapitre général de l'abbaye de Saint-Florent, en Anjou, puisse inféoder une maison indépendante de son prieuré. La maison dont il s'agit est donnée pour être tenue en fief; puis Renaud est élu par gratitude abbé de Saint-Florent, en l'année 1250. Quatre ans après, une partie des religieux de Saumur choisissent pour supérieur Aubert, natif d'Angoulême; l'évêque d'Angers sanctionne son élection; mais divers obstacles naissent ensuite, et le pape Alexandre IV nomme Roger abbé de Saint-Florent, en donnant à Aubert le prieuré de Deuil, comme fiche de consolation.

Nous trouvons à la tête du monastère, après Aubert, les frères Jean d'Orléans, en 1266 ; Hugues de Doanac, en 1300 ; Jean d'Estang, en 1319 ; Bernard du Parc, en 1369 ; Pierre de Veuf, en 1398 (il a géré les biens de la seigneurie de Deuil, saisie par l'évêque, faute d'hommage : l'évêché réclamait alors, comme plus tard en 1519, des droits de suzeraineté sur la seigneurie de Deuil, en représentation de la seigneurie de Saint-Marcel à Saint-Denis) ; Jean Bourbon, en 1414 ; Jean de la Faye, en 1425 ; Émery de Cousdun, en 1450 ; Hector de Coquerel, licencié-ès-lois, conseiller au parlement de Rouen, maître des requêtes, en 1463.

Frère Jean Dugué, conseiller et aumônier du roi, dont l'élection à la place de Coquerel date de 1477, permute neuf ans après avec Simon de Cambrai, prieur de Notre-Dame de Montdidier, ordre de Cluny. Une justice à rendre à ce dernier, c'est qu'il entretient parfaitement le logis prioral ; mais on l'accuse de personnalité, et frère Pierre Pinart est commis par Louis du Bellay, abbé de Saint-Florent, pour visiter le prieuré le 15 août 1495 ; il trouve l'église de Deuil dans un état fort pitoyable.

Jean du Mesnil, abbé de Bellebranche, est à son tour le supérieur des bénédictins de Deuil, en 1506 ; Jean Poyet lui succède. Pierre de la Jaille, protonotaire du Saint-Siége, est prieur commendataire en 1522 ; c'est-à-dire qu'il se borne à faire des vœux, de loin, pour la prospérité du monastère, en jouissant néanmoins de l'usufruit du bénéfice. Il a pour successeurs Nicolas Baudequin, chanoine de Paris, et puis Martial Richevillain, élu en 1560, qui fait jeter par terre une partie du prieuré, mais une partie non conventuelle selon lui. La conduite de Richevillain est déférée à l'abbé de Saint-Florent, qui le fait condamner à recevoir et entretenir des religieux envoyés en obédience.

Depuis le règne de François Ier, le prieur n'est plus qu'en commende. Les moines de Saint-Florent remplacent, en 1594, leurs confrères de Deuil par un curé, par un vicaire titré de Notre-Dame et par un chapelain titré de Saint-Engène, aux traitements desquels il est pourvu tant par eux que par le prieur commendataire.

Sur ce, le premier titulaire de la cure est Lecuélin ; le second, Boitelle. Paul Cénami, prieur en 1616, consent à l'union de la cure d'Aubervilliers avec l'oratoire de Montmorency. Le curé Lesueur, conseiller du roi, meurt le 11 février 1677, et il est inhumé dans le chœur.

La cure passe, en 1698, de Rigoulot à François le Tonnelier, durant l'administration duquel la cloche Marie-Reine est baptisée sous les auspices de Réné Pallu, seigneur de La Barre, son parrain, et de Mme Thomé, de la Chevrette, sa marraine. Du temps de ce curé, malgré la persistance de la procession annuelle, il s'en faut bien que le lac du Marchais soit l'objet de la même vénération qu'au moyen-âge, car on le traite déjà de réservoir. Le Tonnellier déclare, le 29 avril 1729, que ses revenus nets sont de 428 livres, dont 300 et la portion congrue payées par le prieur de Deuil, 66 par les marguilliers, pour l'acquit des obits et fondations, et 62 en revenu territorial. Enterré également au chœur, il a pour successeur Le Jolivet qui bénit lui-même, sous le nom de Marguerite, une cloche, tenue sur les fonts par Boursier, procureur de la Charité, et par Marguerite Langlois.

On baptise encore, le 11 mai 1759, une cloche, et c'est la même qui, de nos jours, sonne la naissance, le mariage et la mort, ces trois étapes de la vie. Le curé est alors Martin ; le parrain, Denis de Lalive, seigneur ; la marraine, Sophie de Lalive, C^{sse} d'Houdetot, et la néophyte, Denise-Sophie. Le même curé a le bonheur de récupérer, le 21 septembre 1761, un fragment du bras de saint Eugène gardé par l'abbaye de Saint-Denis, et ce fragment est reçu respectueusement par le seigneur, les marguilliers et le village tout entier. C'est l'année dans laquelle M. d'Agoult, chanoine de l'église de Paris, dernier prieur commendataire de Deuil, fait don du bel autel qui sert encore aujourd'hui à la célébration des offices. Aucun renseignement ne se rapporte à une date postérieure dans le précieux manuscrit qui nous a permis de faire l'histoire la plus complète qu'on ait donnée du prieuré de Deuil (1).

Les biens de cette fondation religieuse ont été donnés en 1764 à la communauté dite de Saint-François-de-Sales, instituée à Paris par Witasse, docteur en Sorbonne, et son confrère Vivant, curé de Saint-Leu, pour servir de retraite aux prêtres vieux et infirmes. L'abbé Martin, passé à la cure de Groslay en 1767, a été remplacé à Deuil par Sévoy, dont l'inhumation a eu lieu au chœur en 1787. Les abbés Lagasse, Pourçain et Hurel se succédaient ensuite au presbytère; mais le dernier de ces noms nous rappelle des pages de la chronique de Deuil dues à M. Huchot, commissaire de police d'Enghien, neveu de M. Hurel : elles sont peu connues, mais non pas inédites, telles que nous les donnons :

« 21 novembre 1791. Les registres des baptêmes ont été retirés du presbytère, ou ils restaient déposés depuis 198 ans. A cette époque la fabrique possédait 1,107 perches de terre et 774 fr. de rentes, qui ont été aliénés.

23 janvier 1792. Le curé, en chaire, prête serment de fidélité

(1) Extrait du cartulaire de Deuil, *collection Gaignières*, vol. I, p. 515.

à la nation, à la loi et au Roi, de maintenir la Constitution civile du clergé.

7 octobre 1793. Les trois petites cloches sont descendues et portées au district.

12 du deuxième mois de l'an II. Après les vêpres, enlèvement des grilles de communion et des chapelles. Elles sont vendues à l'enchère.

7 frimaire. M. Lagasse, curé, dépose à la mairie, qui les envoie au district, ses lettres de prêtrise.

27 frimaire. Les habitants, réunis en assemblée, décident : 1º il y aura un ministre du culte catholique ; 2º il aura 1,200 fr. de traitement. A la majorité de 75 sur 137 votants, M. Lagasse est élu curé.

5 ventôse. M. Lagasse se présente à la Commune et déclare qu'à compter de ce jour il cesse d'exercer ses fonctions.

12 prairial. Il est décidé que l'église servira de temple de la Raison, sur la demande de Crassons, représentant du peuple, et sera dépouillée de ses vases sacrés, ornements, linge, etc. Les vases sacrés ont été portés au district, et le reste vendu à l'enchère.

30 prairial. Fête de l'Être-Suprême et de l'Immortalité de l'âme.

24 messidor an III. L'église est nommé Temple de l'Être-Suprême.

1er nivôse. Le conseil général, sur l'avis du district, prend des mesures contre les *malintentionnés* qui cherchent à réveiller les idées de *fanatisme*. Ces mesures sont publiées, affichées dans les rues et lues dans les écoles : ordre à l'agent national d'y tenir la main.

16 nivôse. Ordre du district d'ordonner aux *ex-prêtres* de se rendre dans des communes désignées pour y rentrer sous la surveillance.

15 ventôse. En conséquence de la loi du 3, un grand nombre de citoyens et de citoyennes demandent les clefs du temple pour y faire les cérémonies de leur culte. Le conseil refuse. Les citoyens insistent avec force, et craignant un scandale, il les

livre. Quoique sans prêtres, les habitants entrent et chantent le *Te Deum*.

1er nivôse-15 ventôse. M. Hurel exerce en secret le saint ministère, dit la messe dans des chambres, et parcourt diverses paroisses, notamment Epinay, Argenteuil, Saint-Denis, Bessancourt et Sarcelles, par suite de pouvoirs extraordinaires que, dans sa prison, lui avait conférés, vu les circonstances, l'évêque de Saint-Papoul. M. Hurel devait être missionnaire en Chine ; et c'est pour cela qu'il avait étudié la peinture et l'art de guérir. On l'a souvent entendu regretter que la Révolution l'ait privé d'obtenir la palme du martyre.

26 prairial. Le nommé Laforge dénonce au conseil qu'un prêtre inconnu exerce le culte dans des chambres, baptise des enfants, etc., etc., et que pour prévenir un plus grand mal il le dénonçait.

15 messidor. L'église étant toujours le temple de l'Être-Suprême, le citoyen Hurel se rend au conseil et déclare qu'en vertu de l'article 5 du décret du 11 prairial, il se propose d'exercer le ministère du culte catholique. En effet, une vaste grange est transformée en église, et les cérémonies du culte catholique y sont régulièrement exercées.

7 germinal an IV. Le citoyen Tilliet Pature, chantre de la chapelle desservie par M. Hurel, déclare au conseil que, d'après la liberté des cultes, il ira dans l'église réciter les prières du culte catholique. Ainsi ce brave homme, après avoir chanté la messe de M. Hurel, récitait à l'église les prières en français, et le soir chantait les vêpres au chœur. — Les assemblées communales continuent de se tenir *lieu dit l'Église*.

An IV. M. Hurel entre dans l'église et y exerce les fonctions sacerdotales. Tout y était dévasté ; les statues cassées ou mutilées ; point de linge ; des ornements dont on ne voudrait pas même dans les chapelles de prisons. La châsse de saint Eugène, l'autel, le tabernacle et les fonts du baptême étaient seuls restés intacts.

An VII (frimaire). On exige des prêtres le serment de haine à la royauté. M. Hurel le refuse et recommence à se cacher et à exercer en secret les fonctions sacerdotales. — Un sieur Pourçain, qui a prêté tous les serments, le remplace et exerce dans l'église.

An X. Par suite du Concordat, qui rétablit les anciens titulaires des cures, M. Lagasse reprend possession de la sienne et demande que M. Hurel soit son vicaire.

7 août 1822. Mort de M. Lagasse. M. Hurel a été immédiatement nommé curé.

1828. M. Hurel est nommé membre secrétaire du comité cantonnal.

1829. Mgr l'Evêque donne la confirmation dans l'église. En chaire, Monseigneur fait l'éloge du curé et des paroissiens, se disant *heureux de se trouver dans l'antique et vénérable église fondée par un martyr et ravivée par un confesseur.*

Monseigneur a ensuite nommé M. Hurel président du comité cantonnal.

1830, 18 janvier. Mort de M. Hurel, religieux lazariste et curé de Deuil.

Un concours immense de Parisiens et d'habitants du canton remplissait non-seulement l'église, mais la grande rue : ses louanges étaient dans toutes les bouches des honnêtes gens, qui parlaient avec admiration de sa science évangélique et dans l'art de guérir, de ses souffrances sous la Terreur, de son dévouement pour les pauvres, des charités qu'il faisait, quoique pauvre lui-même, de son désintéressement et de sa manière de gagner les cœurs. M. Pergent, curé de Soisy, fit son oraison funèbre, et M. Minel, maire, vint franchement et hautement faire sur sa tombe un éloge que tous approuvèrent, et qui fit verser des larmes aux assistants. »

La médecine du curé de Deuil figure encore dans le codex ; c'est une tisane purgative dont M. Hurel avait le secret. Elle lui avait valu assez de réputation pour qu'on vînt le consulter de loin, et il y avait souvent foule à sa porte, quelquefois même une file d'équipages ; comme ses consultations étaient gratuites, les personnes riches imaginaient des subterfuges pour lui faire accepter des honoraires, en les cachant sous des provisions de bouche. Les succès du poëte et de l'artiste ont fait moins de bruit que ceux du médecin. Le cantique français, composé par M. Hurel en l'honneur de saint Eugène, est chanté tous les ans; la famille Huchot conserve des chandeliers en bois qu'il a sculptés, et il est l'auteur des peintures qui ornent la châsse de saint Eugène, donnée à l'église par son prédécesseur Martin.

Cette châsse n'a perdu à la Révolution que des lames d'argent qui l'ornaient; ce dépouillement ne l'aurait pas sauvée d'une exécution complète, si le bedeau Seny Jacques ne l'avait pas cachée dans une armoire derrière des fagots, qui l'éloignaient seuls du théâtre où se jouaient les fêtes de la Raison. Même service a été rendu aux reliques de saint Eugène, à Saint-Denis, par dom Verneuil, dernier supérieur de l'abbaye. Mais les bâtiments du prieuré avaient été vendus nationnalement, en 1792, à un habitant de Deuil, et les dépendances au citoyen Bourse, prêtre apostat.

Nous avons trop parlé des anciens curés de la paroisse pour ne pas dire un mot de leurs successeurs. L'abbé Cholet est venu après Hurel et avant l'abbé Meunier; M. Lecomte, nommé en 1835, a été remplacé par M. Ducasse. Ce dernier a dû jouer avec les vagues dès sa plus tendre enfance, à Biarritz, lieu de sa naissance; il a fait ses classes au séminaire de Larressore, où il a commencé à donner des preuves de sa bravoure en qualité de sauveteur. M. Eugène Larrabure, frère du député de ce nom, allait se noyer en se baignant dans l'anse de Cambo; mais il fut vu à temps par le séminariste, qui, ôtant sa soutane, ne la remit qu'après avoir sauvé, au péril de sa vie, la vie de son compatriote.

L'église, de construction romane, dans laquelle Odon et Daniel ont dû être honorés de la visite de Suger, a laissé debout des murs dix fois séculaires; en conséquence elle a vu autour d'elle se succéder bien des générations, démolissant autant que bâtissant. Cet édifice religieux n'a pas résisté tout d'une pièce; il a subi plus que des réparations, mais partiellement. Dans la chapelle de la Vierge, un chapiteau représente la découverte du corps de saint Eugène, et ce bas-relief doit remonter au Xe siècle. Il en est de même pour la nef et les bas-côtés : tout y est d'une simplicité et même d'une rudesse remarquable. Une rangée de colonnes est accouplée derrière les stalles du chœur ; on en vante le travail et la disposition, comme une rareté dans la France septentrionale et comme un chef-d'œuvre de l'art au temps de saint Louis. La petite église, érigée par Ercold, a été remplacée par celle-ci, sur l'ordre du pieux roi Robert, le même qui a donné raison aux religieux de l'abbaye de Saint-Denis, contre Burchard surnommé le Barbu, chef de la race des Montmorencys. Les armoiries de ceux-ci n'en figurent pas moins en clef de voûte, près de la sacristie, dans ce que les premiers ducs de Montmorency ont réédifié. Le prince de Condé fit pendre également ses armes, en 1700, aux arceaux de la voûte, en reconstruisant la chapelle de la Vierge ; mais elles ont disparu sous la République.

Que si l'église de Deuil a dû être souvent réparée, la faute en est sans doute aux assauts formidables qu'a essuyés, à différentes reprises, la forteresse de Montmorency. Le territoire toujours ouvert du village de l'abbé Odon était mal protégé par la domination topographique de ce voisinage fortifié ; lorsqu'il y avait tentative d'escalade, Deuil servait tout naturellement de camp et de premier échelon à l'assaillant, en demeurant à portée de tous les coups rendus par la défense, tant que durait le siége. Cette neutralité désarmée n'avait rien de rassurant pour les maisons, pour les récoltes des paisibles habitants d'en bas. Déjà, en l'an 978, l'empereur Othon prenait Montmorency ; puis c'était Louis le Gros qui s'emparait de ce lieu fortifié, en déployant l'oriflamme de Saint-Denis, pour venger l'abbaye des empiétements fréquents sur son domaine, dont Burchard IV s'était rendu coupable. En 1328, première irruption des Anglais, qui investissent la place et la saccagent. Même invasion et même désastre, en 1358. Le pays n'est pas délivré de la présence de ces ennemis avant 1436.

Neuf ans auparavant, pendant l'occupation, Henri VI avait donné à Girard Becquet, écuyer, pour le récompenser de ses services, un hôtel sis à Deuil, avec cens et droit de justice, confisqué sur Simon David, un chevalier. Depuis son établissement dans ladite châtellenie, la famille Becquet est devenue française ; son nom aussi ; mais elle s'était rattachée à celle de l'illustre Thomas Becket, chancelier d'Angleterre, archevêque de Cantorbéry. Le chef-lieu du fief Becquet, à Deuil, était sur la place de l'Église. Nous y trouvons, l'an 1621, Louis de Compans, rendant hommage-lige au sire de Montmorency. Le seigneur de Cernay est acquéreur du fief par acte du 13 février 1651, et les droits des Montmorencys appartiennent alors, comme on sait, aux princes de Condé, ducs d'Enghien, dans toute la duché-pairie. Versoris, contrôleur général de la maison du duc d'Orléans, frère du roi, achète le Becquet, et d'abord pour le compte du prince, en juin 1679. Louis de Bourbon, duc d'Enghien, en qualité de seigneur direct, et sur la requête de Boissier, sieur de la Chevrette, secrétaire du roi, qui représente les Versoris, permet qu'une ruelle soit ajoutée au fief, par un titre signé de son bailli, qui est alors un des Le Laboureur. Seulement procédure s'ensuit, la ruelle étant revendiquée au nom des sieurs Godart et de Briou. L'année 1681, messire Nicolas Testu, conseiller et nouveau contrôleur-général de la maison du frère du roi, est installé à la place des sieur et dame Versoris. Ledit Testu se fait faire une chapelle dans l'église de Deuil, sous l'invocation de Notre-Dame-du-Rosaire ; il porte le titre de seigneur, encore bien que le fief Becquet relève, par suite des divisions de la propriété et des privilèges qui la grèvent, du seigneur de Cernay, d'une part, du duc d'Orléans, d'autre part, sans préjudice des droits du duc et pair, suzerain d'Enghien-Montmorency. A la pieuse fondation de Testu se rattachent, au surplus, 20 livres de rente pour la paroisse. En 1690, le procureur Leleu succède au sieur Testu, en vertu d'un échange de biens. Louis-Auguste de Bourbon, en qualité de haut seigneur de tous les bourgs, villages et dépendances de Montmorency, date de Versailles, le 20 mai 1708, une *défense aux salpêtriers d'entrer dans la maison du sieur Leleu, procureur au parlement, secrétaire du roy, propriétaire à Deuil, sur peine aux contrevenans de punition corporelle; permission d'affûter les armes et pannonceaux des Condés sur la maison, pour que nul n'en ignore.* Le Clerc de Lesseville, conseiller honoraire au parlement de Paris, achète du sieur Leleu. Il y a ensuite, mais partiellement, ou revendication faute d'hommage, ou vacance pour toute autre cause dans l'occupation tenancière ; la preuve, c'est que l'an de grâce 1732 voit la moitié de Becquet se vendre au nom de *Henri de Bourbon, prince de Condé, premier prince du sang, premier pair de France, duc d'Enghien et Châteauroux, et duc de Montmorency, maréchal de France.* Sept ans plus tard Bedal, M^{ls} d'Asfeld, maréchal de France, gouverneur de Strasbourg, directeur-général des fortifications de France, et gendre du conseiller au parlement Le Clerc de Lesseville, cède à Dumas, bourgeois de Paris la maison et la terre que son beau-père lui a laissées à Deuil. Becquet se compose encore, en 1741, d'un vaste bâtiment et de deux petits, avec dépendances à l'avenant. A quelques années de là, un nommé Barassy est tenancier du fief; Mme Barassy le vend, en 1754, au sieur Brion, ancien échevin de la ville de Paris, et à cette époque les seigneurs de Cernay jouissent, comme avant, de leurs vieux droits d'hommage sur le Becquet. A Brion succède le sieur Quette, lequel passe contrat de vente à Mme de Saint-Sénoch. En 1767, cette dame veuve, dûment autorisée à faire son étrange procédure par Charles Buel, bailli de la duché-pairie d'Enghien, *assigne les manans et habitans de la paroisse de Deuil, dans la personne de Jean Gilles, menuisier, leur syndic et procureur, de comparoître, pour les pierres que les polissons et libertins d'enfans jettent dans sa maison, par-devant François Genuit, procureur fiscal.* Le Ch^{er} de Marné de Loménie, ancien officier au régiment Royal-Navarre, député des colonies à l'Assemblée nationale, acquiert, en 1790, cette seigneurie, déjà veuve de ses priviléges, mais ne relevant plus que d'elle-même. M. Chauchat d'abord, qui a donné son nom à une rue de Paris, puis M. Lebrun, maire du 4e arrondissement, sont propriétaires du Becquet, dans les dernières années de l'Empire, sous Louis XVIII et jusqu'à l'avénement au trône de Charles X. Le Bon Lecordier, maire du 1er arrondissement avant juillet 1830, est cessionnaire de Lebrun. Puis Grivellé, grainetier-épicier, achète le château, isolé de ses dépendances, pour n'en pas laisser pierre sur pierre ; ensuite il fait bâtir, à la place de l'ancienne entrée, une maison dans lequelle son fils fait un commerce.

Deuil compta d'autres fiefs : celui de Crissy et le fief Thibaud-de-Soisy, duquel relevaient celui du Pressoir, sis à Villetaneuse, et un autre dont le nom est resté dans la localité, le fief de la Fontaine-des-Oreillons. Nous retrouvons ce dernier domaine habité, dans un temps qui se rapproche du nôtre, par la famille du prince Talleyrand. On raconte même que ce dernier, étant jeune, courait après une vachère, dans le jardin de la propriété, lorsqu'il fit, par malheur, la chûte qui l'estropia pour le reste de ses jours. Le prince, malgré son pied-bot, courut encore pas mal de bonnes fortunes ; il fut du dernier bien, à Montmorency même, avec une jolie dame que nous y apercevions encore il y a dix ans, et cette circonstance n'a rien pour étonner. Mais la dame n'avait pas eu tort d'être riche en même temps que jolie, car elle passait pour avoir peu d'esprit, et ses fils, qui habitent toujours les environs, sont tout le portrait de leur mère. On ne comprenait guère que Talleyrand, dont Mme de Staël avait passé pour être la maîtresse, pût s'attacher ostensiblement à une autre femme dépourvue de style et de conversation ; mais ce grand diplomate avait réponse à tout.—Ah ! Messieurs, disait-il à ses amis, il faut avoir été l'amant d'une femme d'esprit pour bien goûter le charme d'aimer une bête !... Plus récemment encore, le fief Thibaud s'est appelé tout bonnement, à Deuil, maison Divat, et ce titre aurait déjà suffi, à cause des souvenirs qu'il évoque, à lui conférer droit de bourgeoisie dans le présent recueil : tous les noms historiques sont pour nous sujets à reprises, comme dirait le notaire de Deuil. M. Divat a épousé la veuve du général Leclerc, qui a joué un grand rôle dans les évènements du 18 et du 19 brumaire. Bonaparte, tout en ayant bien pris ses mesures, avait encore à redouter le hasard d'un poignard ou d'une balle de pistolet, et c'est

Leclerc qui a paré le coup, en détournant une arme républicaine déjà levée, qui allait tout remettre en question. Leclerc a partagé avec Murat le commandement du bataillon de grenadiers qui a fait évacuer la salle de l'Orangerie ; les députés ont d'abord protesté, pendant que les tambours battaient la charge. C'est alors que Murat, en s'adressant à sa colonne, a crié : — Halte !... Leclerc, qui avait pris la place du président, a ajouté : — Au nom du général Bonaparte, le Corps législatif est dissous. Que tous les bons citoyens se retirent !.... Mme Divat, que l'empereur Napoléon Ier a mariée lui-même à deux reprises, était pensionnaire du couvent des Oiseaux, à l'avènement de Napoléon III. L'ancien fief, sa propriété, a été divisé et vendu comme tant d'autres : son emplacement était la portion élevée de la commune, du côté de Montmorency.

Le libraire Boizard commandait les gardes nationaux de Deuil, sous la dernière république. Il avait une villa qu'on revoit sur la route d'Enghien-les-Bains à Montmorency, et c'est là que Julien Lemer, rien qu'en y écrivant une agréable brochure sur la Vallée, est devenu libraire. Pour un fief moderne à quoi bon d'autres lettres-patentes ?

D'un autre côté fut le domaine du Pain, présentement morcelé comme tant d'anciens fiefs !

Deuil n'est plus ce qu'il était ; il n'a plus de grands seigneurs, et il ne désire pas du tout que des bourgeois viennent les remplacer. Pas un village des environs de Paris ne se suffit mieux à soi-même. La population se compose de plus de 1,600 habitants, au lieu de 1,168 que Dulaure y comptait naguère, et de 540, divisé en 140 feux, énumérés du temps de l'abbé Lebeuf. Presque tous ceux qui demeurent dans la commune sont des propriétaires, mais ils n'ont qu'eux-mêmes pour fermiers, et chacun met la main à l'œuvre, je dirai même la main au sac, puisqu'ils s'en vont la nuit vendre à Paris les légumes et le fruit prodigués par une terre merveilleusement active. Le vin de Deuil était cher à Henri IV : a-t-il dégénéré ? En tout cas, il est abondant et préférable au produit des autres petits crûs. Le département de Seine-et-Oise a pour meilleurs vignobles, à coup sûr, les terroirs d'Argenteuil, Mareil, Andresy et Deuil. Je sais des amateurs qui placent ces vignes-là dans leur estime au niveau des figues de Carrières et de Sannois, des fraises de Montlhéry, des cerises de Villaines et de Montmorency, et enfin des navets de Freneuse, le tout produit en Seine-et-Oise. Deuil est à 13 kilomètres de Paris, à 21 kilomètres de Pontoise, et à 1 kilomètre seulement de Montmorency.

Le hameau d'Ormesson dépendait de Deuil, après avoir appartenu à la commune d'Épinay ; mais il se rattache à Enghien depuis le 1er janvier 1865. Quant à La Barre, il ne laisse pas que d'être encore un écart de Deuil.

Ce hameau est à cheval sur la route départementale, à un kilomètre de Deuil. Le chemin de fer du Nord a fait grand bien aux cottages que le soleil et l'ombre y caressent de leurs embrassements alternatifs ; il a transporté sur ses rails presque tout le mouvement qui encombrait et rendait trop bruyant le pavé de la route. Philosophiquement s'y regardent trois ou quatre auberges délaissées, auxquelles Fulton ne songeait guère lorsqu'il inventa la vapeur.

Nos pères ont qualifié tout bonnement hôtel de campagne plus d'un véritable château ; nous péchons à l'inverse peut-être. Tout l'ancien La Barre, château du même nom y compris, était déjà de la paroisse de Deuil ; une seule maison, par exception, dépendait de la paroisse d'Épinay. Or, si nous conduisons l'ami lecteur, de prime-saut, dans un village tout fait et tout bâti, c'est que son origine se perd un peu dans les ténèbres. Les religieux de Saint-Denis rendaient-ils la justice sur le territoire de la *Barre*? Si le mot ne doit pas être pris dans l'acception d'intérieur d'une audience, il est permis de croire qu'il y avait un barrage, manière de péage, pesant sur cette partie des dépendances premières de l'abbaye, constamment exposée aux incursions du valeureux Burchard. Une troisième version, c'est qu'il y aurait eu là, dans le principe, une digue s'opposant à la crûe de l'ancien étang de Coquenard, auquel certains auteurs, le confondant sans doute avec le lac de notre époque, accordent une étendue de 40 arpents. Qu'il y ait eu d'abord lit de justice, droit levé au passage, ou rempart contre l'eau du lac et de l'étang, c'en était bien assez pour jeter les bases d'un village. Qui disait village en ce temps-là, disait maison noble à l'appui. En 1465, le manoir de La Barre, avec terres, prés et saussayes, appartenait à Jacques Grandin, sieur d'Orvilliers, près Chambly. Nous avons déjà vu un Cénami bénificier à Deuil; plusieurs membres de sa famille, appartenant à la noblesse de Lucques, furent successivement sieurs de La Barre sous Henri IV et sous Louis XIII : Rodolphe d'abord, Jacques ensuite, Vincent en dernier lieu. Néanmoins Pierre Séguier, chancelier de France, était déjà propriétaire du fief avant la mort de Richelieu, qu'il remplaça comme protecteur de l'Académie française. M. de Montauron lui succéda, avant les Particelli-d'Hemeri, dont un contrôleur-général des finances. Et remarquez que Montauron était ce riche et luxueux partisan qui paya 1,000 pistoles à Corneille la dédicace de *Cinna* : d'où l'on a appelé une *montauron* toute dédicace qui se fait à prix d'argent. Puis vinrent Ambroise-François de Bournonville, duc et pair; François Le maire, écuyer, seigneur de Villeromard; Réné Pallu, conseiller au parlement, lequel passait reconnaissance au prince de Condé en l'an 1696. La famille du Vigean n'avait donc pu s'établir au château qu'à titre de locataire. Le M^{ts} de Fors, fils aîné de la B^{nne} du Vigean, était l'ami du duc d'Enghien, du temps de Mme de Longueville. Voiture a fait une somptueuse description de la résidence de campagne dans laquelle ladite Mme du Vigean recevait avec magnificence Mme la princesse et Mlle de Bourbon. Nicolas Baille, conseiller honoraire au grand conseil, était tenancier du fief de La Barre sous Louis XV; puis il le léguait à Marie-Anne Guérin, épouse de Claude Hocquet. La famille de Pontalba a été, mais plus récemment, propriétaire du château de La Barre, que le Bon de la Bouillerie a embelli sous Louis XVIII, alors qu'il comportait encore ses trente arpens, avec des pièces d'eau, et que la spéculation a fait abattre au commencement du second empire seulement. Ses proportions étaient grandioses; les beaux arbres de sa large avenue, ouvrant sur la route de Saint-Leu, eussent encore pu livrer accès à plusieurs files de carrosses; ses fenêtres observaient au passage tout ce qui se rendait dans la Vallée, dont il avait été, sous l'ancienne cour, le pompeux vestibule. Mais on l'avait déjà abandonné sous le règne de Louis-Philippe, il avait l'air d'un condamné à mort dont la dernière toilette est faite d'avance. Cette victime, oubliée par les révolutions, n'avait pas eu à craindre pour elle même les charrettes de la Terreur; il lui fallut monter, en temps de paix, dans celles de la démolition.

La Chevrette, château plus heureux, a du moins gardé quelque chose d'avant 89 : grille, saut-de-loup, avenue et pavillon. La maison a gardé son nom : d'où lui vient-il ? D'ingénieuses conjectures se croisent. Dans un pays de chasse on pense naturellement à un chevreuil, dont la femelle traquée aurait pu être lancée hors des bois de Montmorency et recevoir le coup mortel près du manoir de noble homme Jacques Grandin. Mais on appelait aussi chevrette cette petite écrevisse de mer qui sert de fard, pour ainsi dire, sur les tables coquettes, ainsi que d'apéritif sur les tables gourmandes, sous le nom plus moderne de crevette, et comme les écrevisses ne sont pas rares dans la Vallée, il se peut que, par extension, si ce n'est pas au figuré, on ait décoré de ce nom une terre fort entourée d'eau à l'origine. Une troisième étymologie se présenterait, à la rigueur, attendu qu'on nommait exclusivement chevrette, au temps passé, l'ustensile de foyer sur lequel on mettait le bois ; la dénomination de chenêt n'a été inventée qu'après, et elle dérivait du mot *chien*, parce qu'on donnait alors la forme d'un chien à ce petit meuble de ménage. Quoiqu'il en soit il n'y a plus qu'à pendre la crémaillère, à notre tour, en ce fameux château ; qu'on rôtisse le chevreuil, qu'on serve la crevette, et buvons du champagne, qui vaudra bien le petit vin de Deuil, à la mémoire du seigneur inconnu qui a posé la première pierre de la Chevrette !

En 1638, Pierre Pollalion était seigneur de cette terre. Louis de la Vrillière, secrétaire d'État, et Marie Particelli, son épouse, y passaient l'été dès l'année 1667. Cette dame y succédait à ses parents, les seigneurs de La Barre. Lesdits noms et dates parlent haut ; ils prouvent qu'un écrivain publiera tôt ou tard l'histoire de la Chevrette, et qu'elle a été quelque chose avant que les philosophes du XVIIIe siècle en fissent leur lieu de rendez-vous privilégié ! Le passé de la Vallée de Montmorency est tout entier pour les esprits superficiels dans les agitations philosophiques et sentimentales que le génie de Rousseau a dominées de son vivant; mais cette circonscription, cette réduction étrange est une grosse faute. On veut voir là une seule école, une sorte de Port-Royal faisant débauche, un tableau, une époque, un moment de gloire, et, selon nous, comme on a tort d'imaginer que le reste vaut l'oubli. La drôlerie rabelaisienne, le piquant des concettis du XVIIe siècle ont été certainement les bienvenus, dans leur primeur, au château même de la Chevrette, avant que le bel-esprit et l'esprit fort y fisssent *flores*. Il n'est pas jusqu'au romantisme qui n'ait demandé asile à la Vallée, dans la personne de plusieurs écrivains qui ont bien fait d'y composer leurs livres. Quant aux passions, quant à l'amour, chaque époque se charge d'y pourvoir ; on a toujours cherché, on sait encore trouver les femmes aimables, Dieu merci ! Que serait-ce donc si nous nous mêlions d'opposer aux plus brillants noms de l'*Encyclopédie* tous les autres grands noms auquel ce livre doit une place ! Pourquoi toujours restreindre et rapetisser? Pourquoi prendre une lorgnette et la braquer sur un seul point, si nous ne sommes ni myopes ni exclusifs ? Depuis près de trois siècles, sans solution de continuité, il y a alternative de philosophie et d'esprit, de sentiment et de rêverie, de travail et de conversation, d'étude avant l'action et de repos après la lutte, sur tous les points de la Vallée. Chacun peut donc choisir, mais en rendant justice à tous les temps, la génération qu'il préfère et le genre de suprématie intellectuelle qu'il goûte le mieux. On joue aux bords du Rhin ; Séville danse volontiers, avec acccompagnement de castagnettes ; en Italie, c'est le chant qui domine; à Bruxelles, c'est la bière ; les courses d'Epsom absorbent l'Angleterre; mais la Vallée de Montmorency, avant tout, pense, écrit et parle. Ceux de ses hôtes qui sont lettrés peuvent se passer de titre et d'équipage, et pour eux seuls, sous quelque régime que ce fût, l'hospitalité s'est donnée; les autres ont beau la payer cher, il leur est imposé, en outre, de protéger, les yeux fermés, ce dont ils réussissent mieux à se garder partout ailleurs, c'est-à-dire les travaux de l'esprit, les tentatives nouvelles de l'art, les expériences des gens de goût, l'entretien des belles traditions et le retour aux bonnes manières, depuis qu'elles courent si peu les rues.

Duclos ne venait jamais à la Chevrette, sans un livre dans son bonnet de nuit. Il y trouvait encore force volumes, sans compter les écrits dont la châtelaine était l'auteur. La M^{ise} d'Épinay a fait les *Conversations d'Émilie*, des lettres, des comédies, des contes et des vers; un de ses ouvrages a remporté le prix d'utilité à l'Académie-française en 1783. C'est en buvant de la bière et en croquant des échaudés, que l'académicien Duclos fit une déclaration d'amour à Mme d'Épinay, qui n'y prit garde. Par exemple, elle ouvrit ses beaux yeux noirs sur les dangers qu'il y avait à recevoir un homme que Grimm n'estimait pas, et qui, d'accord peut-être avec Jean-Jacques, s'était permis de la dire éprise du Mis de Saint-Lambert, pour la brouiller avec Mme d'Houdetot. D'autres indiscrétions de même nature, que Diderot révélait à Grimm, comblèrent la mesure; Duclos fut disgracié avant même que Rousseau, qui penchait de son côté, ne prît congé de l'Ermitage. L'auteur des *Confessions du comte de C.* n'eut plus qu'une maison ouverte où il put rencontrer Mme d'Épinay et hasarder sa justification: c'était celle du B^{on} d'Holbach, encore craignait-il bien d'y perdre pied. Justement ce dernier était en pourparler avec le Mis d'Épinay pour se rendre locataire de la Chevrette. Diderot, Rousseau et Duclos cherchèrent une parade à ce coup imminent ; ils tendaient au même but quoique dans des vues différentes, et la coalition leur réussit. L'académicien exilé pouvait-il décider de la victoire sans frapper d'estoc et de taille ? Il confia à Diderot que la B^{nne} d'Holbach, dans un état de grossesse fort avancé, avait un accès de jalousie, et que si son mari emménageait à la Chevrette, c'était commettre un parricide. Le bruit ne tardant pas à s'en répandre, pour le coup Grimm prêta l'oreille, et il y eut brouille en partie double.

Le Bon de Grimm, quel homme était-ce bien ? Il n'a été connu et apprécié, comme écrivain, qu'après sa mort ; comme gentilhomme, il était pauvre, mais il portait très-haut une indigence qui n'était qu'un reste de luxe. Son origine allemande se trahissait en ce qu'il ressemblait un peu à ces étudiants d'outre-Rhin qui passent leur vie entière à être jeunes d'une université à l'autre. Rien de plus français que son esprit, pour tous ceux qui connaissent sa *Correspondance littéraire*. Mais il était susceptible d'enthousiasme, comme pas un autre philosophe de son temps, dès qu'on avait brisé la glace de ses défiances et de son quant-à-soi ; on eût pu le comparer à ces coursiers encore sauvages qui démontent plusieurs cavaliers avant de trouver qui les dompte. Amant de la M^{ise} d'Épinay, il s'était battu pour elle en paladin ; ami et disciple de Diderot, il a poussé à son égard l'admiration jusqu'aux dernières limites. M. de Margency, qu'il honorait aussi de son affection, n'a jamais trouvé à se plaindre soit d'un oubli, soit d'un excès de zèle : Charybde et Scylla de l'amitié. Grimm quittait son grenier le soir avec plus d'aisance et de gaîté que si c'eût été un palais ; une fois sorti, il jouait son personnage. C'était une vie de galerie qui attirait sur lui plus d'envie que de compassion; il y avait de quoi piquer au jeu les femmes. Le Mis de Saint-Lambert s'était trouvé avec lui en Allemagne. Le philosophe de Genève s'était également emparé de la confiance du Bon Grimm, lorspu'ils avaient lié connaissance. L'admirateur de Diderot avait alors la qualité de lecteur du duc de Saxe-Gotha ; mais Jean-Jacques s'aperçut que son équipage délabré annonçait le pressant besoin d'un autre emploi. Le goût qu'ils partageaient pour la musique les réunit d'abord : ils s'associèrent, car il y avait alors des Français et des Italiens, partis contraires, l'un et l'autre se passionnant fort à l'Opéra. Le coin du roi n'avait d'applaudissements que pour l'ancienne musique ; les deux amis, qui tenaient pour la nouvelle, étaient par conséquent du coin de la reine. Grimm, en mémoire de cette union, a plusieurs fois pris la défense de Rousseau au château de la Chevrette. Aussi bien, quand est morte Mme d'Épinay, le baron possédait entre ses mains le manuscrit de ses *Mémoires*, qu'il appelait un roman ébauché.

Mme d'Épinay, au début de ses relations avec Jean-Jacques, l'avait prié de puiser dans sa bourse ; mais chacun sait qu'il s'était contenté d'accepter l'hospitalité à l'Ermitage. Avant de s'y établir, le philosophe n'était venu voir que passagèrement la marquise dans son riche hôtel de campagne. Un des amis de Rousseau, M. de Francueil, avait fait monter sa comédie, *l'Engagement volontaire*, à la Chevrette ; l'auteur et la comtesse y avait joué leur rôle, ainsi que la maîtresse du logis. Elle se soucia de l'emménagement de son hôte, au point que Linant (d'Épinay fils) avait reçu lui-même la charrette contenant les effets, lorsque le carrosse arriva dans lequel le grand écrivain et ses deux gouvernantes, dont l'une pleurait de joie, se trouvaient carrément assis près de la châtelaine. La marquise voulut l'empêcher de passer là l'hiver : peine inutile! Il est vrai qu'elle trouvait une douce récompense de toutes ses sollicitudes, en prélevant le droit du seigneur sur les fragments inédits de la *Nouvelle Héloïse*. Avant même que sa belle-sœur, Mme d'Houdetot, n'eût reçu à Sannois le manuscrit complet de ce roman, dont elle se sentit l'héroïne, Mme d'Épinay en avait fait l'éloge et la critique à son point de vue : « Les personnages, écrivait-elle, ne disent pas un mot de ce qu'ils doivent dire ; c'est toujours l'auteur qui parle. » Francueil avait précédé Grimm dans le cœur de cette femme célèbre ; c'était un gentilhomme poudré à ne pouvoir faire un mouvement de tête sans aveugler quelqu'un, et portant le menton fort en l'air ; il eût été très fier alors de deviner que sa nièce, Mme Dudevant, serait un jour en littérature le représentant de l'école de Jean-Jacques. Les liaisons de Francueil avec le musicien Francœur, directeur du théâtre et des bals de l'Opéra, et avec Jélyotte, autre artiste que les grandes dames se gâtaient, firent qu'il tourna à la débauche; un de ses petits-soupers le conduisit à Saint-Germain, où demeurait Mlle Quinault, au lieu de le ramener à La Barre, et puis il retourna avec des habitudes d'ivresse bien avérées au château de Chenonceaux, chez Mme Dupin, sa mère.

Rousseau eut-il grand tort de croire qu'il pouvait être régent de l'interrègne, en attendant que l'amour de son ami Grimm fût majeur? En tout cas, l'amour malheureux fait pitié et détourne de celui qui en est victime. Tant que Mme d'Épinay ne trouva pas de prétexte à un éclat, le philosophe resta son hôte, et un jour même qu'elle écrivait un mot à Saint-Lambert, éloigné de France, elle s'exprimait ainsi sur le compte de Jean-Jacques Rousseau: « Je lui ai demandé la permission de vous écrire quatre lignes afin que vous ne soyez pas inquiet de ma santé, qui est bonne ; il m'a témoigné le désir de rester pour voir ce que disent mes deux grands yeux noirs quand j'écris. Il est assis devant moi ; il tisonne, il rit, il dit que je me moque de lui et que j'ai l'air de faire sa critique. Je lui réponds que j'écris tout ce qu'il dit, parce que cela vaut bien ce que je pense. » Une lettre de Rousseau, jusque-là inédite, a paru dans un livre qui n'est pas très-connu (1) ; cette lettre, écrite à la Chevrette, était adressée à Mme d'Houdetot à Paris ; elle nous apprend que, ce jour-là, Jean-Jacques allait dîner chez Diderot, où il désirait pouvoir embrasser Saint-Lambert ; puis elle parle d'Eaubonne, où il trouvait si doux de penser avec la comtesse qu'il en a perdu l'habitude de penser seul. Tout ce monde-là s'aimait plus ou moins ; on s'embrassait entre hommes à chaque instant, pour ne pas perdre l'habitude d'embrasser. Les rapports d'amitié de Jean-Jacques et de Saint-Lambert, malgré tout ce qui les séparait, avaient du fond et pouvaient se définir : « Voulez-vous, disait ce dernier, savoir la différence du sentiment d'amitié qui nous unit l'un à l'autre ? C'est que je chéris le besoin que j'ai de vous, et que vous êtes quelquefois embarrassé du besoin que vous auriez de moi. » La marquise tombe malade : on lui prescrit d'aller prendre l'air en Suisse. Diderot engage Rousseau à l'accompagner à Genève ; celui-ci demande conseil à Grimm, dont la réponse bien prévue est contraire à ce déplacement, et une belle lettre de Jean-Jacques fait le voyage sans fatigue à sa place. Mme d'Épinay s'en console en allant faire une visite à Ferney, et en recevant à Genève une députation d'horlogers qui la remercient de ce qu'elle a fait pour leur

(1) *Voyage aux environs de Paris*, par Delort, tome I, p. 33.

compatriote. La C^{sse} d'Houdetot, en l'absence de sa sœur et de son cher marquis, devient l'objet plus que jamais des assiduités brûlantes de l'auteur de la *Nouvelle Héloïse*; mais elle a la folie d'en rire, comme toujours, et de le payer de raisons qui ne font qu'attiser la flamme. « Décidément, écrit-elle, il est fou. » En recevant ce pli, Saint-Lambert se contente de dire : — Il faut que ce soit bien fort, pour qu'elle s'en soit aperçue !

Malheureusement la bombe éclate. Bien des correspondances et des propos incriminés sont mis en regard, à la Chevrette; on dévoile des manéges, on déjouera l'intrigue. M. Sainte-Beuve admire plus d'un auteur, tout en racontant que la fille de cet auteur mène mauvaise vie, ou que son frère a volé des montres, si ce n'est lui. A force de découvrir des taches dans les étoiles, M. Sainte-Beuve, malgré ses petits talents, se fait mal voir des personnes moins lettrées qui aiment les lettres mieux que lui. Nous tenons trop à nos saints comme fidèle, comme paroissien de la littérature, pour les confondre un seul moment avec des imposteurs. A notre sens, Jean-Jacques n'a jamais prétendu que les deux belles-sœurs l'aimassent secrètement, et que son ami Saint-Lambert eût trompé l'une d'elles avec l'autre. Des lettres anonymes ont été écrites; seulement Rousseau, un sage de la Grèce, n'a aucunement trempé dans ces lâchetés. Croyons-en donc les *Confessions*; du moins ne reprochons au philosophe que d'avoir été amoureux, jaloux, enclin à contrarier et d'humeur si peu supportable par moments. La C^{sse} d'Houdetot s'est décidée à pardonner; Mme d'Épinay, en femme plus raisonnable, a laissé le temps à l'aigle de l'Ermitage de transférer son aire à Montlouis. Les petites dettes restées derrière Jean-Jacques, lorsqu'il eut quitté l'Ermitage, coûtèrent quelques louis en cachette à la comtesse, qui, au surplus, ne cessa pas de rendre service à ce pauvre homme de génie, en obligeant Thérèse Levasseur.

Le dépit de Rousseau, qui n'a pas eu besoin de beaucoup d'art pour arranger sa justification, lui a seulement fait dire que, tout bien considéré, l'infortunée marquise était trop maigre. En revanche, on reconnaissait ouvertement qu'il y avait un fâcheux de moins dans les réceptions de la Chevrette : c'est l'oraison funèbre consacrée chaque fois qu'un cercle déjà trop plein est quitté par un de ses membres. Les petits-soupers n'en furent que plus galants et les conversations plus libres, au galant hameau de La Barre ; l'absent n'avait été, en général, que l'homme des matinées, le visiteur à jeun, l'amoureux transi en plein jour, le courtisan de la nature dans le monde, le philosophe solaire de la maison. Le lendemain de son départ, on l'appelait vilain marabout ; puis on s'occupait d'autre chose, on passait aux nouvelles de Versailles et de Paris.

Les familiers de la Chevrette étaient surtout d'Alembert, Saurin, Montbrillant, Dulaurier, Desbarres, Réné, Garnier, Volx, Jully, Desmahis, Bordeu, le Mis de Croix-Mare, l'abbé Galiani, Tressan, Tronchin ; Mmes de Verdelin, de Maleissie et d'Eaubonne, sans compter ceux que nous connaissons déjà. Il y avait de quoi faire bien des livres dans les discours tenus chez M. et Mme d'Épinay. C'était une hôtellerie, ce n'était pas une auberge : il fallait que la maison fut riche. Au reste, M. d'Épinay, introducteur des ambassadeurs, eut des millions pendant un certain temps ; la fortune de sa femme elle-même ne manquait pas d'importance. Leur hôtel à Paris était situé rue Saint-Honoré, en face des Capucins ; on leur comptait seize domestiques ; leurs propriétés s'étendaient aux environs de La Barre depuis l'Ermitage de Montmorency jusqu'à la Briche, en traversant ou en contournant Deuil, Ormesson et Epinay; la marquise résidait plus particulièrement à la Chevrette. Le marquis, en tant que les devoirs de sa charge le lui permettaient, séjournait de préférence à Épinay, où ils avaient leur grand château. M. de Margency n'était pas le seul habitant de la Vallée qui fît régulièrement commerce de visites avec les propriétaires de la Chevrette. Le Mis de Mora, qui habitait sans doute Montmorency, allait chez d'Épinay, comme le Mis de Tressan y venait de Sannois. Une lettre de la marquise à l'abbé Galliani raconte précisément que, le 12 octobre 1771, M. de Mora soupait chez elle en compagnie de M. de Sartines, de M. de Magaillon et du Mis de Croixmare.

Par ordre de M. de Belzunce, gendre du Mis d'Épinay, le corps de bâtiment principal de la Chevrette a été démoli avant de devenir bien national, en vertu des décrets de la Convention. Les mauvais jours de la Révolution n'ont pas trouvé M. de Belzunce en France,

Ce qui reste appartient maintenant à M. Thierry, ancien commerçant, et ce n'est qu'une partie des anciens communs. La place d'une horloge semblait marquée en haut du pavillon qui subsiste et où séjourna Jean-Jacques avant d'occuper l'Ermitage; le nouveau propriétaire y a placé une autre horloge.

ÉPINAY-SUR-SEINE

ÉPINAY-SUR-SEINE

M. Léon Pallue, archéologue fort distingué, qui passe les plus beaux jours de l'année dans la maison de campagne de Mme Hauguel, sa fille, à Epinay, habitait auparavant La Briche, écart du même joli village. Il a découvert des cryptes mérovingiennes et carlovingiennes, non-seulement chez Mme Hauguel, mais encore dans plusieurs autres propriétés d'Epinay, notamment chez M. Levy-Crémieux, dans l'ancien fief du Mont. La Briche, d'après M. Léon Pallue, est cet ancien *Spinogelum* où Dagobert eut un palais d'été. Une inscription, qui en fait foi, figure depuis peu sur le socle d'une croix ; seulement elle ne rapporte pas la découverte à son auteur, et nous tâchons de combler cette lacune.

La bourgade gallo-romaine d'Epinay-sur-Seine était distante de 300 mètres à l'ouest du château des rois francs, entre l'étang de Coquenard et la Seine. Cette bourgade s'étant accrue par l'effet du séjour des seigneurs suivant la cour, on y disait la messe dans une chapelle attenante à une léproserie et peu distante du moulin de l'étang, laquelle, sous le patronage de saint Marc, puis de saint Sylvain, servit durant plusieurs siècles de succursale à l'église mérovingienne de *Spinogelum*. Celle-ci donc demeura paroissiale jusqu'en l'année 1403. Alors Pierre d'Orgemont, évêque de Paris (1), transféra la paroisse à Epinay, sous le vocable de ses anciens patrons, saint Médard et saint Gildard, en leur associant saint Sylvain, patron de la ci-devant succursale.

Spinoïlum et *Spinogelum*, disait-on dans les premiers siècles de notre ère ; *Espigneul* et *Espignollet*, avant la fin du moyen-âge, puis *Grand et Petit-Epinay*, et la racine commune de ces dénomination était *Spina*, épine. Pourquoi donc les deux Epinay n'auraient-ils pas gardé effectivement leur situation respective, depuis le temps de Jules César jusqu'en plein xviiie siècle? Peu importe que les rôles se soient intervertis entre le grand et le petit, au point de vue de l'importance? Trois époques différentes ne les relient-elles pas par des rapports équivalents de nom? Que, si le hameau Spinoïlum commença par être un écart de Spinogelum, raison de plus pour que l'histoire confonde l'un avec l'autre ces deux vieux Epinay, qui étaient encore moins distincts sous la domination romaine et sous Dagobert que dans les siècles suivants, le nôtre compris.

La plus ancienne mention de cette localité remonte à une chute de cheval faite sur son territoire par un chevalier de la Touraine, qui voyageait pour servir les intérêts de Frédégèse, abbé de Saint-Martin. Il est écrit que ce cavalier, qui se blessa grièvement dans sa chute, fut par bonheur porté à Deuil, où les mérites de saint Eugène

---

(1) M. Léon Pallue qualifie Pierre d'Orgemont archevêque de Paris, dans la *Revue archéologique*, 15e année.

le remirent promptement en état de continuer son voyage. Frédégèse, au viie siècle, reconnaissait déjà à Epinay une origine ancienne. Rien de plus historique, il est vrai, qu'un royal séjour. Les rois de la première race ayant un château à Epinay, les officiers du fisc régissaient cette propriété de la Couronne, dont les biens en ce temps-là ne faisaient absolument qu'un avec le Trésor public.

Dagobert n'est pas le seul roi qui, dans cette campagne, soit venu se reposer des fatigues de la guerre ; mais il y a remporté, plus que tout autre, une victoire auguste sur lui-même, en pensant d'avance à la mort, comme un homme qui ne la craint plus, et en manifestant ses dernières volontés avec un imposant cérémonial. Debout sur un trône d'or et la couronne sur le chef, ayant à ses côtés Sigebert et Clovis, ses deux fils, devant tous les grands de son royaume, il prononçait une harangue, avant de lire son testament, et il faisait promettre à ses deux fils de se conformer à ses vœux, en conjurant les évêques présents de prier Dieu pour lui. Ce bon roi Dagobert est mort, comme plusieurs empereurs romains, de la colique. Des chroniqueurs rapportent qu'ayant ressenti les attaques de ce mal à Epinay, il y a succombé sans déplacement ; des historiographes plus flatteurs assurent que le flux de ventre dont il a été pris dans ce village l'a utilement averti de sa fin prochaine, mais ne l'a pas empêché de se transporter à Saint-Denis, pour y rendre l'âme décemment. Le fameux couplet de la culotte eût été de circonstance pendant ce laborieux trajet qui, par bonheur, n'était pas long et pouvait se faire à travers vignes.

D'un acte relatif aux biens de l'abbaye de Saint-Denis, en 862, il appert que l'abbé Louis prend ou a déjà pris un clos de vignes, assis sur Epinay et Gassinville, en échange d'un équivalent à Beaune en Gâtinais. Or qu'est-ce que Gassinville ? La carte de M. Ponsin n'en soufflant pas un traître mot, c'est qu'il n'y a plus trace de ce hameau, situé jadis au midi de Stains, près La Briche, et qui a porté également le nom de Saint-Léger. Les religieux de Saint-Denis ont pu garder ladite vigne ; toutefois les sires de Montmorency disposaient de la terre d'Epinay au XIIe siècle : Hervé de Montmorency en a détaché une terre de franc-aleu au profit du prieuré de Deuil. L'abbaye royale de Saint-Denis n'était pas plus distante du terroir d'Epinay que le castel du Bon de Montmorency ; la mitoyenneté y donnait lieu à des conflits entre la seigneurie des moines et la seigneurie baroniale. Des titres monastiques de 1200 et de 1205 parlent d'assemblées indiquées *ad ulmum quæ est inter Spinoelum et viam quæ ducit ab Argentolio ad Montem Maurentiacum.* C'est donc sous le feuillage d'un orme que se mettaient à couvert les arbitres chargés par les deux parties d'accommoder leurs différends, et cet arbre s'élevait plus probablement à Ormesson qu'à Saint-Gratien. Ormesson n'a-t-il pas été lui-même un écart d'Epinay ? Terrain bien choisi, en tous cas, par sa position intermédiaire, pour le règlement des difficultés inter-seigneuriales. La Vallée, elle aussi, voit ses frontières du Rhin à cette époque tantôt prises, tantôt reprises.

En vertu d'un contrat passé l'an 1218, les moines de l'abbaye ont sur la Seine, à Épinay, un bac, avec un pontonnier chargé d'y percevoir un droit. Matthieu de Montmorency fait arrêter cet homme, pour supprimer le pontonnage. Les religieux de se récrier. L'arbre d'Ormesson leur suffirait encore pour espérer bonne justice ; par malheur, l'eau, fief trop mouvant, n'a pas gardé, comme la terre, mémoire des droits antérieurs ; aussi nos moines vont-ils porter leurs doléances jusqu'à Gisors, devant Philippe-Auguste, dont l'esprit d'équité confirme le principe de la liberté de la navigation fluviale, au profit des religieux. Ne pouvant leur retirer l'eau, Matthieu de Montmorency leur prend le pain, mais cette fois par des moyens légaux, en succédant par voie d'acquisition au Ch^{er} Pierre d'Épineux, comme propriétaire de deux moulins à eau entre Epinay et Saint-Denis. Les moines, vu l'insuffisance de leur petit moulin de Coquenard, sont forcés de faire moudre leur froment à Montmartre. Ainsi le baron suit, à sa manière, l'exemple de Burchard, chef de sa race, qui se ruait si fort la lance au poing sur le domaine du monastère voisin.

Le même Matthieu, sinon un successeur du même nom, élève de nouvelles prétentions, au delà de ses frontières naturelles, au sujet des atterrissements qui ont formé divers îlots sur la rivière au-dessous d'Épinay. Ces sœurs cadettes de l'île Saint-Denis avaient des noms très-pittoresques : île aux Vaches, île des Estropiés, île Beau-Corps. Aujourd'hui elles ont disparu, et il faudrait ramer jusqu'à Asnières, ou jusqu'à Argenteuil, pour aborder dans un espace de terre entouré d'eau courante de tous côtés, qui ne fut pas l'île d'où il s'exhale chaque dimanche une odeur de friture jusqu'en la ville de Saint-Denis. Le Bon de Montmorency n'a rien tiré de ce triple consort, terres vagues sur les confins de deux domaines non moins portés l'un que l'autre à s'agrandir, et c'est en vain qu'il chercherait lui-même actuellement ces $Δῆλος$ de la Seine, si par une prosopopée à la manière de Jean-Jacques nous le rappelions à la vie.

Mais à père avare, fils prodigue. Il n'est donc pas de gracieusetés que ne se prenne à faire aux religieux Bouchard-Montmorency, en 1231, tant il est peu curieux de poursuivre cette lutte incessante de la cotte-d'armes contre le froc dans laquelle, en se serrant de près pendant trois siècles, aucun des deux champions n'a pu venir à bout de l'autre. Des terres et des moulins, qui ont appartenu au chevalier d'Épineux, le nouveau sire fait à l'abbaye une donation de joyeux avènement, et il la consolide par des garants, à cause du peu de confiance que la conduite de ses ancêtres lui donne et dans ses successeurs et dans lui-même. Il persévère pourtant jusqu'à la mort dans ses bonnes intentions, et il étend les effets de sa bienveillance généreuse aux églises et hôpitaux de la contrée, par un legs de 4,000 livres, hypothèqué non-seulement sur son parc de Taverny, mais encore, en tant que besoin serait, sur le bois Raoul, *nemus Redulfi*, appelé plus tard le Bois-Haut, dans la direction d'Epinay et du couchant.

Ces libéralités servant d'exemple, d'autres points incertains tendent à une solution, d'autres procès en germe se concilient. Philippe de Puiseux, écuyer, fils de Jean de Puiseux, seigneur d'Epinay, dont le manoir s'élève joyeusement au milieu des vignes, et qui a double pêcherie sur les deux rives de la Seine, s'est laissé gagner par l'exemple des libéralités de Bouchard ; mais l'occasion lui semble bonne pour se montrer lui-même généreux aux dépens du seigneur qui a donné l'élan. Il reconnaît, en 1262, dans le but de purger l'avenir de toutes contestations, qu'il tient en fief, relevant uniquement des religieux de Saint-Denis, tout ce qu'il possède au soleil sur le territoire d'Epinay ; seulement il y a réserve pour plusieurs servitudes et différents droits réciproques, déterminés par acte. Le cuisinier de l'abbaye, par exemple, et cet officier d'importance porte le titre de maître-queux, paiera à l'écuyer Philippe de Puiseux 3 oboles de cens capital, à charge pour cet écuyer de laisser faire une tranchée dans l'île qu'il possède sur la Seine. Il s'agit certainement là d'une des trois îles citées plus haut ; cette île faisait face à un port dénommé *Port du Cuisinier*, où s'embarquaient chaque semaine les gens de la Garenne, près Gennevilliers, pour passer l'eau en se rendant au marché de Montmorency, et où débarquaient les religieux qui, au contraire, avaient affaire à Nanterre ou à Saint-Germain. Pour couper au plus court, on a fait deux îlots d'une seule île, avec la permission du tenancier du fief. Pour peu qu'un morcellement pareil ait été ensuite opéré un certain nombre de fois, il expliquerait assez la disparition des trois îles. Quant à la seigneurie de l'île Saint-Denis, elle avait constitué, avec la seigneurie d'*Espineul-sur-Seine*, trente et un ans avant la reconnaissance de Philippe de Puiseux, la dot de Jeanne de Montmorency, sœur de Guy de Montmorency, dit de Laval, qui les tenait de son père.

Voilà donc les abbés et religieux de Saint-Denis en possession de recevoir foi et hommage, pour la terre d'Épinay, au lieu et place du Bon de Montmorency. L'orme des conciliations est jeté bas comme superflu, ou bien il tombe de vieillesse ; les rameaux de cet emblème de la justice de paix au moyen-âge servent aux feux de joie, peut-être, des représailles monastiques. Le seigneur du village n'exerce que mairie et basse-justice, sous la suzeraineté du monastère, seigneur haut-justicier.

De plus, l'année 1365 voit le bourgeois de Paris Guillaume Tois léguer aux religieux de Saint-Denis son hôtel de La Briche, dit jardin Boniface, avec moulin, pressoir, vivier, vignes, terres, prés et revenus. Cette propriété avait appartenu pendant tout le XIIe siècle à Guillaume Lormier, conseiller en la Cour des aides, puis à Catherine

Lemet, que Lormier avait épousée bien jeune et qui n'avait cessé de vivre, après lui, que nonagénaire. La prise de guerre en fut faite par les Anglais, l'an 1433, et ils en gratifièrent Pierre de Fontenay pour reconnaître ses bons offices. En revanche, trois années après, les soldats de l'invasion avaient le dessous dans un engagement à La Briche.

Mais n'y a-t-il pas d'autres fiefs enclavés dans la terre principale d'Épinay, notamment le fief *Beatus*? Bienheureux d'y garder ses droits, le sire de Montmorency aspire encore à recouvrer dans toute sa plénitude la suzeraineté locale. Rien de plus sage toutefois que d'attendre les occasions! Jeanne de Paillard, femme du Ch[er] Guy de Gourles, est tenancière du fief d'Épinay pendant les premiers lustres du xve siècle; elle asseoit une rente sur le droit féodal de travers par terre et sur le péage des bateaux, au profit de Nicolas Baye, greffier au parlement. En France, les parlements sont une puissance moins souvent contestée que l'autorité royale; la dame d'Epinay fait donc bien d'intéresser tout d'abord un greffier à son petit coup d'Etat dans la Vallée. Ce que Philippe de Puiseux a pu faire, n'a-t-elle pas qualité pareille pour le défaire? Assez de fois l'épée d'un gentilhomme a repris ce que devaient des moines aux libéralités d'une pénitente! Pour cette fois, la robe féminine et le froc se tournent le dos; c'est-à-dire que Jeanne de Paillard, en l'année 1415, fait hommage à la suzeraine de son choix, Philippe de Melun, dame de Montmorency et d'Ecouen, *de toute la haute justice, en toute la ville et terrouër d'Espigneul et Espignollet.*

Autre fief, celui de l'Ecu-de-France, dont une part a relevé encore, au xviiie siècle, de Piscop en plein fief et de Montmorency en arrière-fief. Ladite part consistait, sous le règne de Charles VI, en maison, jardin, terres et cens à Epinay, plus la mouvance de quatre fiefs, arrière-fiefs de Piscop, et tout seigneur qu'en fût alors Bernard de la Fontaine, échanson du roi, il y reconnaissait la censive d'Arnoult Boucher, sieur de Piscop. Jean Choart, licencié ès-loix, qui succéda à l'échanson royal, y passait reconnaissance au seigneur de Piscop en 1507 et en 1532. Magdeleine de Savoie, D^{sse} de Montmorency, ne dédaignait pas d'en faire autant le 21 juillet 1588. *Item* Jean Fontaine, en 1644 ; Louis de Brancas, duc de Villars, en 1698 ; Louis-Denis Lalive de Bellegarde, en 1742.

Sur le même territoire et dans la même censive que l'Ecu-de-France était un Petit-Piscop. La Briche l'engloba, après avoir lui-même relevé d'un autre Piscop.

Citons aussi le fief Jean-de-la-Fontaine, dont le tenancier, en l'année 1620, était Jean Amaury, commissaire des guerres, lequel y eut pour héritier Jean Fontaine, maître des œuvres de charpenterie du roi ; mais cela n'était encore de leur temps que 17 arpens de terre sans maison. Loizeau, conseiller aux aides, jouissait de ce bien en 1679, du chef de son épouse, née Amaury. François-de-Paule Lefebvre d'Ormesson de Noiseau vendait en divers lots, vers 1750, et notamment à la veuve du sieur de la Hodde, limonadier.

Le licencié que nous citons parmi les tenanciers de l'Ecu-de-France porta même le titre de seigneur d'Epinay après son père, messire Jean Choart, lieutenant-civil de la prévôté de Paris. Ce dernier avait levé dans le pays, par privilége du roi, un droit de gabelle confirmé à Jeanne le Clerc, sa veuve, gouvernante des enfants de France. François Choart, leur successeur, ne se réserva que le fief du Mont. Jean d'Aunoy, dit le Gallois, avait revendiqué ou racheté la terre d'Epinay, qui avait appartenu à sa tante, Jeanne de Paillard ; il passa de vie à trépas en 1489.

Le château en ce temps-là n'était plus à La Briche. Mais quel point d'Epinay proprement dit occupait-il? Henri IV y coucha sans doute alors qu'il s'arrêta dans le village pour la première fois, avant son entrée à Paris, et il en garda bon souvenir, puisqu'il acheta à son retour cette maison-là ou une maison voisine. On la disait petite, il est vrai, mais par comparaison ou par flatterie. Le Béarnais se contentait d'ailleurs d'y boire à tire-larigot du vin de Deuil, plus frais et plus coulant que son vin de Jurançon, près Pau, qui se boit chiquet à chiquet, une bouteille en grisant deux hommes. Gabrielle d'Estrées avait-elle à se plaindre de la substitution? M. de Sommariva aimait à dire, il n'y a pas un demi-siècle, que Gabrielle d'Estrées et Henri IV lui avaient fait l'honneur de se rencontrer dans sa maison de campagne; mais il jouissait alors personnellement du chateau de La Briche en même temps que celui d'Epinay.

Le chapître de Saint-Thomas-du-Louvre, tant seul que réuni à celui du Louvre, n'eût-il jamais en ce village que la qualité de propriétaire? Le bien dont il y disposait ayant mis le corps de chanoines en relation avec Jacques Bourdois, curé d'Epinay sous Henri IV, un accord fut passé entre tous deux relativement aux dîmes. La cure (1) était à la collation de l'évêque, et pourtant l'abbé de Saint-Germain-des-Prés y nomma. Quant aux décimateurs sur la paroisse, ils furent principalement les religieux de Saint-Denis; toutefois l'exercice de leurs droits donna lieu à plusieurs procès. Madeleine Allegrain, veuve de David, sieur de la Faultrière, conseiller au parlement, fut condamnée par arrêt de cette cour, le 7 juillet 1673, à payer la dîme de vin et de sainfoin de son enclos : ledit tribut

(1) *Cura S. Medardi de Spinolio suprà Sequanam.*

était, quant à la vigne, de 12 pintes par arpent, mesure de Saint-Denis.

On avait relevé tant bien que mal la chapelle, que les Anglais, du temps de Jeanne d'Arc, avaient détruite, et comme elle jouissait traditionnellement du droit d'asile, elle en vint à servir de lieu de retraite habituellement aux voleurs, que n'aurait jamais osé y suivre la maréchaussée, s'arrêtant de préférence sur le seuil pour y faire le signe de la croix. Impossible de déraciner le préjugé; l'idée de l'ensevelir sous les décombres de la chapelle aurait dû venir lors de la translation de l'église de La Briche à Épinay. Les derniers fidèles de l'ancienne chapelle du Petit-Epinay y tenaient trop pour qu'il y fût impunément touché; l'apôtre saint Marc lui redonnait son nom dès que saint Sylvain, confesseur du Berri, passait aux honneurs de la paroisse. C'est donc en vain que Louis Girard, procureur-général en la Cour des comptes, offrait, vers la fin du ministère de Mazarin, de subvenir aux frais de reconstruction de la chapelle au lieu dit *Croix-Bouissée*, qui se trouvait à l'entrée du village; en vain que l'archevêque de Paris autorisait ce transfert; en vain que le curé et d'autres habitants préféraient dès lors l'absorption de l'annexe par la paroisse, et en vain que ce dernier avis finissait par prévaloir : le Saint-Marc de la Vallée ne disparut qu'au xviiie siècle.

Or le magistrat Louis Girard a succédé, dans la seigneurie de l'endroit, à Jacques de Chaune, maitre des requêtes, qui avait marié sa fille à François Rebours. Postérieurement est venu Antoine Girard, chevalier, Cte de Villetaneuse, seigneur d'Epinay et de La Briche. Plus tard encore le Mis de Beauvau. Sa veuve et ses filles ont requis en l'année 1741 une licitation, et par suite le Mis Lalive de Bellegarde, qui fut aussi propriétaire des châteaux d'Ormesson et de La Briche, se rendait adjudicataire de celui d'Epinay.

Ce seigneur du village y célébra les noces de sa fille avec le Cte d'Houdetot, et il y eut pour successeur le Mis d'Epinay, son fils. Au nombre de ses enfants figura également Lalive de Jully, introducteur des ambassadeurs, membre honoraire de l'Académie de peinture. M. d'Epinay, que son mariage avait fait fermier-général, pouvait prétendre à l'opulence; mais quel prodigue! Mme d'Epinay, plus femme d'esprit que jolie femme, moins jeune que Mme d'Houdetot, devint illustre en faisant un ingrat et un heureux : celui-ci était Grimm, celui-là Jean-Jacques Rousseau. L'hôtel de campagne que le financier occupait à Epinay même, on l'appelait souvent « le grand château. » N'était-ce pas pour le distinguer de la Chevrette, résidence de la marquise? Cependant il y avait à craindre une confusion différente.

Vers la fin, M. d'Epinay avait aussi dans le village sa petite-maison. On y soupait, on y vivait la nuit. Deux jolies filles, que le financier y avait mises dans le luxe, faisaient partie du mobilier. Ces deux amies inséparables, qui répondaient l'une et l'autre au nom de Rose, avaient aussi le même âge, des goûts pareils, un seul caractère, et des yeux qui ne différaient presque pas. M. le marquis lui-même s'y méprenait: n'était-ce pas un plaisir de plus? Pas moyen de savoir laquelle chiffonnait le mieux des billets sur la caisse d'escompte, pour en jeter ensuite la monnaie par les fenêtres. Comédiennes en expectative, elles faisaient au théâtre leur surnumérariat. Le protecteur avait pris au sérieux leur vocation imaginaire; il leur avait donné des maîtres de toute espèce. Pendant qu'à la Chevrette la M[ise] d'Epinay tenait académie ouverte de gai savoir, son mari dirigeait à Epinay un singulier théâtre d'élèves au petit pied. Les libertés d'alors étaient si grandes qu'il ne serait jamais venu l'idée au financier de se cacher, comme le font aujourd'hui tant d'autres gens en pareil cas. Mais à Athènes cachait-on ses plaisirs? Les Français du siècle avant le nôtre n'étaient autres que des Grecs modernes, et ils eussent plutôt renoncé aux vices de leur temps, quels qu'ils fussent, que d'y ajouter celui d'une hypocrisie incessante, qui est de convention encore plus moderne. Loin de nous l'envie de sermoner, plus loin encore celle de tout approuver! Seulement nous constatons, en passant, que la Chevrette était une école de bonnes mœurs, de retenue et même de pruderie, à côté de l'école dramatique et autre d'Épinay.

Quant au domaine féodal de La Briche, il avait appartenu, avant M. Lalive de Bellegarde, au financier Bouret. C'était le fils d'un laquais; mais son luxe, surtout à table, faisait pâlir celui des princes. Marmontel lui appartenait, et Voltaire lui-même l'honora de ses flatteries. Bouret n'en finit pas moins par mourir insolvable : il avait réussi à dissiper 42 millions.

Le nombre des feux d'Épinay, tout compris, s'était élevé à 105 en l'an 1709 ; dix-sept années plus tard on y avait compté 432 habitants. Mais en 1745, pendant que les villages environnants gagnaient encore, celui-là en était réduit à 96 feux. On dit aujourd'hui : 1,500 âmes.

Épinay avait été mis au pillage sur la fin des troubles de la Fronde, et son église saccagée. Celle-ci nous paraît avoir été rebâtie par les soins de Pierre-Bouchard d'Esparbès de Lussan, Cte d'Aubeterre, lieutenant-général, et bénite en présence de ce bienfaiteur le 24 mars 1736, M. Lapostolle étant curé. Néanmoins les historiographes attribuent pour la plupart au prince de Condé la réédification complète de cette église, dédiée par l'évêque de

Bethléem, le dimanche de la Quasimodo, 21 avril 1743. La trinité de ses patrons était alors complète : saint Georges, saint Médard et saint Sylvain, de Levroux en Berri. L'archevêque nommait plus tard curé M. Mouton, qui formulait ainsi l'avoir de la fabrique, le 30 novembre 1762 :

255 livres, 14 sols, 2 deniers de rente.
10 arpens, 95 perches de terres.

Ces terres à pareil quantième, en 1790, donnaient un revenu dont le détail suit :

Nicolas Jacquin, laboureur, tenait de la fabrique 7 quartiers de terre, moyennant le paiement annuel de	56 livres
Jacques-Martin Lefèvre et Louis-Etienne Laurent, 125 perches, pour	36
Henri Thiboust le jeune, 50 perches,	16
Thomas et Antoine Trouillet, 105 perches,	26
Thomas Trouillet, fils de Nicolas, 1 arpent, 45 perches,	38
Le curé jouissait par lui-même de 225 perches, estimées à raison de 30 livres l'arpent,	67 10 sols
Total	239 10.

Le presbytère de cette époque-là sert aujourd'hui d'habitation au jardinier de M. Pouillet. La propriété de ce grand chimiste a même appartenu à l'abbé de Lattaignant, qui a été curé plus d'un demi siècle. De l'église, on a fait une halle pendant la Révolution. Plusieurs livres sont déjà dus au curé d'à présent, l'abbé Thérout, ex-aumônier d'un collége de Paris.

La croix qui marque l'emplacement de l'ancienne

église, dans le vignoble dit Champ-des-Beatus, n'est plus en bois, elle est en fer. Le manoir féodal de ce nom eut pour emplacement les communs de la villa Carlier, et d'ailleurs elle occupe l'ancien domaine du Cheval-Blanc.

C'est vraiment à La Briche que la belle Gabrielle avait passé de beaux jours et de belles nuits. Mais qui sait si la résidence de son royal amant, à Epinay, est remplacée par ce qu'on y appelle encore le *Château?* Celui-ci a été construit en forme de T, dont la barre supérieure se trouve du côté de la Seine, et cet emblême rappelle à M. Léon Pallue l'initiale du nom de M. du Terrail, pour qui ledit hôtel de campagne aurait été bâti au dernier siècle. Effectivement le Mis du Terrail, pour une maison située à Epinay, rendait foi et hommage le 14 juin 1756. Mais à qui? A M. de Tessé, dont le nom commençait également par un un T, et vis-à-vis de quel seigneur le même devoir avait été rempli par le duc de Béthune, le 17 juillet 1750. Maison et château faisaient deux en ce temps-là. On y regardait déjà moins quand le propriétaire du château d'Epinay fut cet opulent Mis de Sommariva, ancien secrétaire-général de la république Cisalpine, qui avait attendu l'Empire pour filer le parfait amour avec la C^{sse} d'Houdetot, bien qu'elle fût née sous la Régence. Ce seigneur, purement honoraire, qui ne succédait pas qu'au Mis d'Epinay par ses nombreuses acquisitions dans la Vallée, fit dessécher l'étang de Coquenard, sous le prétexte que ses émanations aux alentours entretenaient des fièvres pernicieuses. Bonne spéculation surtout, les terres cultivées en marais étant d'un rapport bien meilleur que la pêche des autres marais! Le propriétaire du fief marécageux de Coquenard avait eu, au xviiie siècle, des difficultés avec le prince de Condé au sujet de la pêche du grand étang, que ce dernier donnait à bail. Un Tunisien, que son harem accompagnait, composé de cinq ou six femmes, a figuré parmi les successeurs de Sommariva au château d'Épinay ; ensuite le général Perrier, qui maintenant se contente d'une villa près celle du général Jullien, et puis un Anglais de distinction.

Dans la maison actuellement Perrier, une Américaine, Mme Grand, reçut tant de visites de M. de Talleyrand, pendant le Directoire, que ce ministre des relations extérieures, ancien évêque constitutionnel, ne jugea plus convenable de se soustraire à l'obligation de l'épouser. Le mariage eut lieu secrètement à Paris dans un petit hôtel de la rue Taitbout. La place de Mme Grand, à Épinay, fut prise par le chimiste Fourcroy, qui analysa le premier les eaux minérales d'Enghien.

Mme Gudin, D^{sse} de Gaëte, qui se peignait le visage avec un art dont le secret ne risque pas de se perdre, occupa l'ancien fief du Mont, avant que le mariage de sa fille avec le Cte de Girardin ne l'attirât à Ermenonville.

En ce village était né le maréchal Maison ; Lacepède y mourut dans la propriété dont dispose M. Rousseau, et le fils du célèbre naturaliste vendait de nos jours celle d'en face à M. Boulot. Remontez à 1820, cela suffit pour trouver réunis à Epinay le Cte de Lacépède, M. de Sommariva, Perrin, fermier des jeux (dont la maison, dessinée par Berthault, architecte du roi, était sur le point le plus élevé), Mme de Montmorency-Luxembourg, la D^{sse} de Beaumont, la M^{ise} de Crosnier.

Vous faut-il d'autres noms connus ? Le Bon Gauthier d'Hauteserve, député, a précédé M. Pitrat, le voisin de Mme Carlier, Mme Bodard a légué au Cte Dejean, préfet, puis directeur-général des Postes, la propriété de Mme Hauguel. M. Mulot, l'ingénieux artisan du puits de Grenelle, a sa maison de campagne d'un côté ; celle de son fils est de l'autre côté. M. Pinard, directeur du comptoir d'escompte, a pour successeur à Epinay M. Lévy-Crémieux. L'habitation de M. Bourdon et sa fabrique de produits chimiques occupent l'ancien fief de La Briche, dont il reste le château et la chapelle.

L'égalité devant le dividende, devant l'incubation artificielle de ce qu'on nomme le positif, n'a pas détruit toutes les suprématies ; elle a respecté celles qui n'avaient pas l'argent pour unique raison d'être, dans ce centre de villégiature qui, lui aussi, a noblesse qui oblige. C'est un des refuges laissés, au milieu des plus belles cultures naturelles, à la culture de l'esprit, qui affranchit notre imagination, qui ennoblit nos sentiments, mais qui fait de nos volontés les serfs de la conscience. Il y a, par exemple, dix années tout au plus qu'une volée de gens de lettres s'abattait pour la belle saison à Epinay, après une station préparatoire à Saint-Denis, hôtel du Grand-Cerf. L'un avait mis cinq francs, l'autre vingt louis dans la caisse sociale, que complétaient de plus larges promesses, et une villa, prise en location, recevait fraternellement sur le pied de l'égalité, les contribuables inégalement frappés. MM. Octave Feuillet et Paul Bocage étaient du nombre. Beaucoup d'esprit et de gaîté se dépensa dans la communauté, et si le ton des réceptions n'y rappela que de fort loin les fastueuses traditions des fermiers-généraux de l'autre siècle, du moins la protection des financiers et financières de la Vallée n'était plus mise en coupe réglée.

On ne se figure pas assez tout ce qu'il faut de bonheur aux écrivains, dont la réputation commence, pour ne pas succomber maintenant aux tentations de la vénalité du journalisme, autrement dangereuses que celles des dédicaces, qui n'a presque plus cours. Il est vrai que les pensions qui ne leur sont plus faites sur des cassettes particulières, s'en vont grossir celles des filles entretenues, dont le nombre et le luxe augmentent en raison indirecte de la prospérité des rares bureaux d'esprit qui ne rendent aucun service à l'autorité. L'isolement et la copie sont de nécessité incessante pour la plupart des gens de lettres, encore dignes de ce titre. Si peu qu'ils aillent dans le monde, il leur faut ou de la fortune, ou des mots d'ordre à prendre tous les matins chez un personnage influent. Un honnête homme qui n'a que sa copie pour le garder des hontes de la mendicité et de la prostitution, dont tant d'autres vivent et se font jusqu'à des honneurs, cet homme-là ne peut se reposer, se consoler de ses travaux forcés qu'avec ses compagnons de chaîne. Aussi bien le monde en souffre. La conversation, cette puissance nationale, qui a fait prendre longtemps pour du patois tout ce qui n'était pas la langue française, que devient-elle? Le niveau de l'esprit fut-il élevé ou non par la Révolution et par l'Empire? Sans la génération de 1830, où en serait le XIXe siècle? Après avoir soumis à l'analyse du creuset le corps mixte du temps présent, nous ne trouvons pour résultat de cette opération qu'une décomposition de ses substances : le crédit domine tout, à la condition de se combiner avec l'or, et le progrès ne s'applique plus qu'à les faire produits simulaires, en écartant soigneusement toute matière hétérogène. Il y a tant d'affinité entre les progrès réalisés par l'industrie et l'accroissement des jouissances matérielles des habiles qui s'en préoccupent exclusivement, que la dissolution n'a pu s'en faire, et pourtant le poids n'en est le même que pour les familiers du laboratoire. Il reste au fond du vase une espèce de *caput mortuum*, qui faisait corps avec le reste avant les manipulations de notre époque ; ce résidu est la littérature. Elle développait les facultés de l'âme, elle était l'unique instrument du perfectionnement humain, et la voilà qui attend, de nos jours, qu'un nouveau Cicéron plaide sa cause, en prononçant une harangue comme celle *pro Licinio Archiâ poetâ*, devant une société qui ne vit plus du tout avec ses auteurs favoris.

La pléiade littéraire qu'on a vu luire dans le ciel d'Épinay était de celles qui ont le moins à craindre des ténèbres d'un régime quelconque, et peu de constellations scintillent du même éclat au firmament de la Vallée. Ces messieurs faisaient de la copie, tout en participant aux fêtes radieuses dont le pays est l'éternel théâtre. Une débauche de l'esprit qu'ils mettaient en commun, après dîner, a produit un supplément local à la chanson de Dagobert. Voici l'un des nouveaux couplets :

> Le bon roi Dagobert
> Habitait Épinay l'hiver.
> Le bon saint Éloy
> Lui dit : — O mon roi,
> Votre Majesté
> Se croit en été.
> — C'est vrai, lui dit le roi,
> J'ai chaud quand les autres ont froid.

Le boulevard Magenta, qui prend naissance près du Château-d'Eau, à Paris, menace de se prolonger jusqu'à la place sur laquelle donne la mairie d'Épinay. Que gagnerait-on à l'accomplissement de ce projet? une ligne d'omnibus tout au plus. La situation de la commune, que baigne la rive droite de la Seine et que traverse d'un bout à l'autre la grande route de Normandie, en aurait déjà fait une grande ville si Saint-Denis n'eut pas été tout près. Dam! la grande ville eût dit adieu aux châteaux mignons, aux cottages qui rendent le village si joli. Mais la Vallée de Montmorency n'aura jamais le corps assez robuste pour qu'une ville de commerce lui soit chargée sur les épaules. N'est-ce pas bien assez des innombrables trains qui, jour et nuit, lui sifflent dans les oreilles et lui scient le dos? Depuis que les grandes routes sont moins bruyantes, elles deviennent des lieux de promenade d'autant plus favorables à la rêverie qu'on y oublie les boulevards parisiens. Quel parc offre deux rangées d'arbres plus magnifiquement alignés que cette vieille allée à la française qui sert d'avenue à Épinay du côté de Saint-Denis et du côté de Sannois ! Quand le soleil et l'ombre se la partagent, le paysan qui traverse la chaussée, avec sa binette sur l'épaule, n'a pas besoin de montre pour savoir l'heure. L'animation de la campagne ajoute au charme qu'on éprouve à voir comment les blés se dorent, comment rougissent les grappes du groseillier ; l'aspect des diverses cultures est varié, en outre, par la nature du sol, par l'exposition plus ou moins au nord ou au midi et par le degré de maturité. Ni muraille ni haie ne protégent les récoltes du cultivateur riche ou pauvre, bien qu'elles puissent tenter un plus pauvre. S'il est vrai, comme l'a dit Montaigne, que toute défense ait un visage de guerre, voilà le séjour de la paix !

Des sinuosités sont décrites par le grand fleuve qui sert de limites naturelles à Épinay pendant un assez long parcours, et des compliments lui sont dus pour les attraits particuliers qu'il donne à cette résidence. La Vallée, elle aussi, lui doit ses bords du Rhin; mais la séduction qui leur est propre ne fait faire que des petits voyages. La plupart des points de vue que se sont ménagés les propriétés riveraines s'étendent loin de l'autre côté de l'eau. Presque tout le monde enfin pêche à la ligne, et ce passe-temps, quoi qu'on dise, a du bon :

il entretient la fraîcheur des idées, il aguerrit contre les rhumes, il renouvelle la vigueur du biceps, il encourage l'élève de l'asticot, il favorise l'industrie du filet, beaucoup trop négligée dans les Expositions universelles, et il donne de la liberté aux épouses et aux filles, qui n'ont jamais fait de plaintes à cet égard.

MONTMAGNY

MONTMAGNY

Epinay nous a fait quitter le département de Seine-et-Oise pour la première et dernière fois. Nous tournons déjà le dos à celui de la Seine en rentrant dans le canton de Montmorency par Montmagny, dont le territoire communal confine aux territoires d'Epinay, de Deuil, de Groslay, de Saint-Brice, de Sarcelles et de Villetaneuse. Montmagny, bien que ses limites se trouvent en partie également, celles de l'arrondissement de Pontoise, n'est qu'à 25 kilomètres dudit chef-lieu.

Si l'on compte 600 habitants, 500 au moins sont vignerons, et le vin du crû rivalise avec celui dit de la côte d'Epinay : comme on le cuit au sortir du pressoir, cela lui donne un air de ratafia lorsqu'il a fait son lit dans une bouteille cachée derrière les fagots.

C'est un village qui, en petit, ressemblerait beaucoup à Deuil; mais sa population flottante est relativement moins restreinte, en des maisons de campagne moins clair-semées. Le seul bourgeois de Montmagny n'est pas M. Prilipp, dont la villa fait face à l'avenue des Tilleuls, et d'ailleurs il n'a pas cessé de vendre à Paris de la musique et des pianos. Cette maison de campagne n'existait pas encore sous la Restauration ; mais alors la propriété de la B^{nne} de Sahuc et celle de M. Huguet, commissaire du roi à la Monnaie, étaient vantées (1).

La rue des Marronniers, qui descend de Groslay, s'appelle rue des Carnaux à Montmagny. Or deux hameaux, les Carnaux, les Faucilles, ont été englobés par le village. L'un des deux devait sa dénomination à un ancien fief des Carnaux, dont la division avait eu lieu dès le règne de Charles VIII ; M. Raffart de Marcilly, écuyer, succédait vers l'année 1772 à trois ou quatre marchands bourgeois de Paris, qui avaient pris en ruine, au milieu du siècle précédent, la maison principale desdits Carnaux, sise alors dans la rue Montdevimes, à Saint-Brice. Mais le fief, dans toute son étendue, avait eu un tenancier du nom de Mabille, en 1381.

De Groslay vient aussi la rue des Rouillons ; celle de la Croix-Dubillon est parallèle à la route de Saint-Denis à Saint-Leu, et il y a un quartier des Masures du côté de Villetaneuse. Nous ne croyons à rien de plus ancien et à rien de plus mémorable, en ce qui regarde le hameau des Faucilles, le fief des Masures, la Croix-Dubillon et la fontaine des Rouillons, que touchant le fief des Carnaux. L'hôtel des Carnaux, à Paris, fit plus de bruit !

Passons donc à l'ancien château ; il en reste deux pavillons, qui appartenaient aux communs, et deux vignerons les occupent. M. de Chavaudon n'était que conseiller au parlement lorsqu'il succéda, comme seigneur de Montmagny, au président Chavaudon, vers la

---

(1) Oudiette : *Dictionnaire topographique des Environs de Paris*, 2me édition, 1821.

fin du règne de Louis XV. Mme la présidente, dont le mari siégeait au parlement en la première chambre des enquêtes, lui avait apporté en dot, titre, château et terres, qu'elle tenait de son père, le fermier-général Masson. Y chassait-on beaucoup ? C'est vraisemblable, car il y avait une remise pour le gibier seigneurial, dans ce qui s'appelle, à Montmagny, le Camp. Depuis longtemps la seigneurie locale s'était annexé les fiefs de Crespières et de Richebourg : tout le bas de la montagne s'appelait Val de Richebourg. Le clos Béranger, à Saint-Brice, relevait du fief de Richebourg ; toutefois les prédécesseurs du président n'avaient joui que de la moitié de ses droits sur ledit clos. Aussi bien Richebourg avait-il appartenu au seigneur Eimery ou Hemery, qui pouvait n'avoir figuré à aucune époque en la même qualité à Montmagny. Le beau-père du président avait remplacé au château M. d'Arboulin, pourvoyeur de la bouche du roi quant à la cave, et celui-ci, M. Thomé, trésorier-général des galères du roi. Thomé père, riche financier avant son fils, avait eu pour devanciers : M. de Malebranche, frère du philosophe spiritualiste et panthéiste qui appartenait à la congrégation de l'Oratoire ; Louis Huault, qui était entré dans le grand-conseil en 1637, et qui avait épousé Catherine Lottin ; Charles Huault, père de Louis, mari d'Antoinette du Drac, et ce maître de requêtes, après s'être affilié à la Ligue en 1589, comme Jean Poille de Saint-Gratien, avait ensuite rallié le vaisseau qui menait à bon port la fortune des Bourbons. Près de trois siècles avant les Huault, Philippe Legrand avait eu leur position à Montmagny, et il avait reçu aveu, l'an 1302, pour tout ce que Jean Galleran tenait à Groslay dans la mouvance en plein fief dudit Legrand, en arrière-fief du sire de Montmorency. Hervé de Montmorency avait donné, nous le répétons, aux moines de Saint-Florent de Saumur, seigneurs du prieuré de Deuil, la dîme de ses terres de franc-alleu à Montmagny. Jean Ansiau de Villers avait ajouté à cette libéralité deux arpents de vigne, même terroir.

L'église que vous voyez était toute neuve quand la mort du prince de Condé, son bienfaiteur, la mit en deuil ; elle commença donc par ceindre le litre funèbre, bande noire aux armoiries du duc et pair, en l'année 1741. L'édifice d'auparavant avait été frappé d'interdiction dans sa caducité, à cause du peu de sécurité que son état laissait aux fidèles. Il datait du siècle XII, d'après Lebeuf, et c'est fort possible ; mais on n'avait pas, dans ce cas-là, perdu grand temps pour le dédier à saint Thomas de Cantorbéry, qui fut martyrisé en 1170 et canonisé plus de deux ans après. Du temps de saint Louis, Morand était curé, et la paroisse avait alors 35 livres de revenu ; sous Charles VIII, Jean de Cambray. Une chapelle dans l'église avait été fondée par Aleps de Richebourg. Le prieur de Deuil nommait à la cure.

Le Camp, à Montmagny, est le quartier qui se rapproche le plus de La Barre, et il ne doit sa dénomination ni aux Prussiens et Autrichiens qui mirent le village au pillage en 1814 et en 1815, ni aux Vandales qui, dans les premiers siècles de notre ère, rasèrent *Mons-Magniacus* et *Villa-Tanosa*. Le Camp, dont la tradition orale a gardé le souvenir, tout aussi bien qu'un livre, était romain. La voie romaine passait entre La Barre et Epinay.

GROSLAY

GROSLAY

Heureux Groslay, si cette jolie campagne connaît tout tout son bonheur! Des correspondances d'omnibus lui donnent tous les avantages du chemin de fer, sans les inconvénients. A d'autres communes, pourvues d'une station, le bruit, la fumée, les badauds, les voitures qui attendent, les piétons moins patients, les cafés de barrière! A Groslay, qui se prélasse sur la pente orientale des hauteurs de Montmorency, le plaisir, la sécurité et la pudeur d'une demi-obscurité! On ne manque pourtant pas d'y faire des vœux pour un embarcadère et un débarcadère, qu'un nouvel embranchement promet ou plutôt menace de donner. Le seul adversaire déclaré de la vie domestique est le railway, lorsqu'on entend sonner le premier coup de la cloche du départ, en ouvrant les yeux ou la fenêtre. La grande ville attire bien assez, sans cet appel qui fait naître aussitôt des prétextes pour prendre le convoi. Les affaires surtout, les affaires! Qui n'en a pas se cache pour en convenir. Eh bien! cachez-vous à Groslay ; laissez les trains partir l'un après l'autre de Montmorency et d'Enghien.

Le terrain de la commune présente beaucoup de variétés : ici vallons et là côteaux ; la vigne n'y manque pas, et les jardins y offrent les plus savoureux spécimens de la culture fruitière et maraîchère. La fabrication de la dentelle donne à l'endroit une légère teinte flamande, qu'un autre trait, dû sans doute au hasard, vient encore augmenter d'une nuance : il y a majorité de blondes, de jolies blondes, à Groslay. On se voit entre citadins, ne serait-ce que pour se prêter des journaux et des livres, notamment celui-ci. Rarement les flâneurs du dimanche devinent un ravissant groupe de maisons bourgeoises dans le village qui s'étend ainsi au bas de la côte de l'Ermitage. Aussi bien le chemin de traverse, par lequel l'indigène coupe au plus court, est assez dangereux, non pour les ânes, mais pour leurs cavaliers. La mousse et le sable fin de la forêt sont d'une douceur, en cas de chûte, qu'envie encore ce sentier inégal. Par conséquent, les habitants de la commune la plus voisine de Montmorency doivent à sa position privilégiée un isolement relatif qui les porte à ne pas régler leur bienveillance réciproque sur les inégalités de la fortune. Ils sont chez eux, ils s'appartiennent, et cette exception les ferait prendre, si près de Paris, pour des bourgeois de province ; malgré cela, une fois dans leur jardin, ou au salon, ou au billard, ils se montrent sous leur vrai jour. Ce sont des Parisiens de la bonne roche, du moins pour la plupart, causant théâtre, sinon littérature, et qui ont eu le bon esprit de laisser derrière eux, soit pour un temps, soit pour toujours, le souci des affaires. Tels sont ou furent depuis peu MM. Paul du Boys, Comartin, Billaud, Guillebert, de la Chaussée, Lullin, Godard, Calon, Colas, Ducasse, Legrand, Valon, Baude, Hurel, Henry, Crétu, Offroy, Moncouteau, La Martinière, Perrière, Titel, Cruz, Manchez, Blanc ; Mmes Chansard, Rümler, Thibaut.

Quant à la jeunesse féminine qui garde Groslay toute l'année, et qu'on pourrait appeler, en conséquence, les jeunes filles des quatre saisons, elles sont d'une coquetterie qui vient d'exemple. Puissent-elles avoir le bon goût de préférer toujours à des modes importées par les femmes de chambre de ces dames, le gentil bonnet du pays, qui se laisse enrubanner richement ! Ne va-t-il pas le mieux du monde ? Le jour de la fête communale, une loterie est tirée, sous les beaux arbres du champ-de-foire, par l'instituteur et secrétaire de la mairie, qui distribue aussi les lots, composés le plus souvent de fichus, de bonnets, et mirlitons d'aller leur train ! Bientôt la danse commence, et la bourgeoisie ne se contente pas toujours d'être témoin de pareils jeux. Aussi bien la conscription militaire et celle des cabarets, qui compte également ses blessés, enlèvent une bonne partie des garçons du pays, de sorte qu'il manque d'abord des cavaliers aux villageoises parées pour le bal. Mais pour si peu que les messieurs et les dames s'en mêlent, l'animation bientôt devient générale, et la danse, une fois bien engagée, ne s'arrête plus ; du moins elle se prolonge assez avant dans la nuit, bien que la fête ait lieu en juillet, saison des grands travaux à la campagne. N'y ai-je pas dansé, moi qui vous parle, avec Mme Henri Leduc, de Montmorency, pour partenaire, avec Mme de Bernis et le Mis de Harrenc de la Condamine, propriétaire du cru de la Côte-Rotie, pour vis-à-vis ? La fête de Groslay a son lendemain, et les bals du plus grand monde n'en peuvent pas dire autant ; elle est, de plus, sous la protection du calendrier, qui l'éternise. Les paysannes coquettes, ou pour mieux dire les grisettes de Groslay, ont tellement l'amour de la danse qu'elles se déplacent et arrivent les premières partout où deux ménétriers se donnent ou se retirent l'accord, à plus de deux lieues à la ronde. Le dimanche soir, j'en ai vu, même l'hiver, qui revenaient *seules à minuit*, ces trois mots sont à souligner, heureuses d'avoir fait leur partie dans un quadrille, n'importe où. Elles devaient avoir de la vénération pour le nommé Ménétrier, marchand de vins à Deuil, et musicien, qui faisait danser toute l'année sur divers points du canton et au-delà.

Que si l'orchestre ordinaire de Groslay n'a rien de commun avec celui de Strauss, c'est que notre village se repose, on peut le croire, d'avoir bien mérité de la musique. N'inférez pas de cette hypothèse que les clavecins d'avant la République, les harpes, les guitares et les *forte* du Directoire ou de l'Empire l'aient emporté en nombre sur les pianos qui attirent périodiquement des accordeurs dans le village d'à-présent. Au contraire, le doigté ne s'est, en aucun lieu, en aucun temps, exercé sur des touches d'ivoire de manière à produire plus de trilles sautillants, plus de notes, perles blanches et noires enfilées par colliers splendides, que dans l'académie estivale de Groslay. Ce genre de succès quotidiens fait pâlir ceux de la conversation, qui n'en devient que plus timide : il est vrai que la musique parle.

Elle devait parler encore mieux, lorsque Lully habitait le village. Il vint malade, il s'en alla guéri. Son habitation à Paris était une maison qui se retrouve rue Neuve-des-Petits-Champs, au coin de la rue Saint-Anne, avec une boutique à l'enseigne, aussi ancienne, de l'Epée-de-Bois. Que ne puis-je désigner ainsi la maison de campagne qui lui donna l'hospitalité ! N'y avait-il pas de quoi pour la Vallée, à cette époque, être lulliste ? La semence musicale y fut jetée, comme on voit, de main de maître. Pierre Porro, qui se distingua lui-même comme guitariste et compositeur, habita pendant quarante ans Montmorency et Groslay, où il mourut septuagénaire. Sa veuve, musicienne également, épousa en secondes noces M. Beaucé ; c'est la mère de Mme Ugalde, cantatrice dont le talent ne s'est jamais mieux révélé que dans *Galathée*, à l'Opéra-Comique.

Depuis un temps immémorial, les dames jouent à Groslay le premier rôle, et les maris s'effacent tant soit peu. Dame Richilde fut assurément la bienfaitrice de la paroisse et des paroissiens, sous le règne de Philippe Ier; elle avait pour mari Geoffroi de Montmorency, et l'on a bien nommé les deux époux lorsqu'il s'est agi des libéralités qu'ils répandaient sur le territoire de Saint-Prix; mais Richilde seule a été désignée à la gratitude commémorative de Groslay, qu'elle traita comme une mère son enfant préféré. Si Geoffroi était mort, on aurait dû donner à Richilde la qualité de veuve alors qu'elle fonda, à Groslay, une distribution de pain annuelle, qui eut encore lieu après elle le 3 février, jour où se célébrait à l'église son obit, après une vigile également solennisée.

Les principaux traits de sa vie recommandaient ladite dame, non-seulement à la reconnaissance de la postérité locale, mais encore à l'estime profonde des amis de l'humanité et du progrès.

Une pauvre femme de Groslay allait porter ses cerises à Saint-Denis, pour les vendre ; mais l'octroi, qui s'appelait en ce temps-là barrage, réclama plus d'argent qu'elle n'en avait, et les agents chargés de percevoir le droit sur les denrées, pour le compte des seigneurs religieux, punirent sa tentative de fraude en saisissant la délinquante, avec les pièces du délit. Pendant que cette justice étrangement sévère était faite à Saint-Denis, l'enfant de la malheureuse femme demeurait enfermé tout seul dans le réduit où elle l'avait laissé, et, comme il s'y trouvait emprisonné par contre-coup, la faim allait avoir une conséquence mortelle. La mère et l'enfant ne furent sauvés que par l'intervention de Richilde, qui n'hésita pas à donner quelques biens à l'abbaye, pour exempter à tout jamais du droit de barrage, à Saint-Denis, tant les cerises de Groslay que les porteurs de ces cerises. Or plusieurs autres charges pesaient très-lourdement sur les jardiniers du même endroit : ils avaient toujours eu à acquitter, outre le droit de barrage, ceux de bottelage, de place, de marché, et que sais-je ! La femme de Geoffroi para à ces difficultés au moyen de nouveaux sacrifices, dont les générations suivantes profitèrent, mais non sans quelques inquiétudes.

En 1378, Jean Pastourel, avocat du roi au parlement et seigneur de Groslay, dut résister à l'abbaye dans l'intérêt de ses administrés, comme le ferait un maire d'aujourd'hui ; il s'agissait de l'interprétation des traités que les religieux de Saint-Denis avaient signés avec la défunte dame Richilde. Plusieurs siècles après, Marie d'Albon, veuve de Bénigne le Ragois, seigneur de Bretonvilliers, était dame des fiefs de Groslay ; elle soutint avec une telle vigueur la perpétuité des immunités achetées par sa généreuse devancière, que le conseil d'administration du temporel de Saint-Cyr et celui de la mense abbatiale de Saint-Denis durent s'entendre pour acquiescer encore aux mesures de prévoyance prises par la femme de Geoffroi, et ce le 19 octobre 1724. Mais à quelle époque avait-elle cessé de vivre? On ne le savait qu'approximativement. Dame Richilde était déjà morte depuis plusieurs années en 1214, époque à laquelle Matthieu de Montmorency avait donné aux chanoines victorins du Bois-Saint-Père une certaine portion de forêt, pour remplir une des volontés testamentaires de sa parente par alliance.

La maison royale de Saint-Louis, fondée à Saint-Cyr par Mme de Maintenon, tout en ayant antérieurement des droits communs avec l'abbaye de Saint-Denis, ne prit possession *du fief et seigneurie de Bruyères-le-Châtel, en la paroisse et territoire de Groslay*, qu'en lieu et place des religieuses de Notre-Dame-de-la-Saussaye-lès-Villejuif, dont le prieuré royal avait été réuni à ladite maison, en vertu de lettres-patentes données à Compiègne au mois d'août 1769.

Lesdits fief et seigneurie comprenaient. d'après un état dressé postérieurement :

Quatre pièces de terre labourable, mesurant ensemble 9 arpents et trois quartiers, dont un vers le lieu dit Bout-de-la-Ville, sur la route de Beauvais ; deux aux Glaisières, et la dernière sur la ruelle de Bas-Pinson, conduisant de Montmagny à Sarcelles ; lesdites pièces données à bail, moyennant 140 livres de fermage, le 25 juillet 1785, à Jacques Desouche, J.-B. Gorion et Pierre Cousin, tous les trois vignerons, et à leurs femmes, toutes les trois nées Marin, par : dames Francoise-Émilie de Champlouis, supérieure ; Claude-Catherine de la Bastide, assistante ; Marguerite-Victoire de Launay, maîtresse des novices ; Denise-Henriette de Crécy, maîtresse-générale des classes ; Marguerite de Ligondès, dépositaire ; toutes religieuses professes composant le conseil intérieur de la royale maison de Saint-Louis, établie à Saint-Cyr-lès-Versailles. — 14 arpents environ de bois taillis, à Saint-Brice, donnant environ 100 livres de revenu. — Seigneurie directe et censive, droits de cens, surcens, rentes seigneuriales, droit de lods et ventes, saisines et amendes sur la plus grande partie des maisons de Groslay et plusieurs héritages à Enghien, Saint-Brice, Sarcelles et Deuil, et enfin la mouvance sur le fief Patin, sis à Groslay ; tous lesquels droits ont été inféodés au profit de Louis-François-Balthazar Dauger de Bagneux, seigneur de Groslay, le 14 décembre 1784, moyennant la rente foncière, féodale annuelle et perpétuelle d'une quantité déterminée de blé, avec rachat, selon la coutume de Paris, facultatif.

Le prieuré des bénédictines de la Saussaye, près Villejuif, était de fondation et de collation royales. Au moment de sa fusion avec Saint-Cyr, où se faisaient l'éducation de deux cent cinquante filles nobles, leur maison ne comptait plus que sept religieuses, dont plusieurs vieilles et infirmes, la plus jeune ayant cinquante ans; plus quatre converses. Ces religieuses avaient été, quatre années avant la fin, mesdames :

Anne Lemaire de Flicourt, dite en religion Sainte-Maxime, supérieure; Anne-Madelaine Desgrais, dite de Saint-Maur, doyenne; Anne-Françoise Briquet, dite Sainte-Élisabeth; Marie de la Touche, dite Sainte-Thérèse, dépositaire; Marie-Catherine Herbillon, dite Sainte-Scolastique, portière; Germaine Petit, dite Sainte-Claire, cellerière; Anne-Élisabeth Toussaint, dite Sainte-Placide, tourière; Angélique-Marie Baudon, dite Sainte-Rose, sacristine.

Le fief Patin consistait en une maison donnant sur le carrefour de la Croix-Marchais et appartenant, avec ses 4 arpents et trois quartiers de terrain, au sieur Colas, marchand à Saint-Gratien; 4 arpents aux Glaisières faisaient le surplus. Quant à Bruyères, il a relevé du fief Piscop à Groslay. On a souvent tenu pour un prieuré le manoir même de Bruyères, en ce lieu; mais les dames de la Saussaye n'y eurent qu'une succursale avec chapelle, et voilà sans doute la maison à belle terrasse qu'on désigne aujourd'hui dans la grande rue, presque en face la rue de l'Imagé, comme l'ancien couvent de Groslay.

Nésant, en tant que fief, appartient à l'histoire de Saint-Brice; mais le hameau de Nésant, y attenant, fut sur la paroisse de Groslay, et l'abbé de Saint-Denis eut de bonne heure des droits, revenus et fonds de terre à Nésant comme à Groslay. Dès l'an 1218, le sire Matthieu défendait bien au supérieur du monastère d'avoir un pressoir dans le hameau, et il faisait enfermer dans sa geôle, à Montmorency, les ouvriers chargés de le construire; mais il fallut compter avec les religieux, qui préférèrent les sacrifices d'argent à l'anéantissement de leur pouvoir local; c'est pourquoi, après maint échange, ils devaient encore 4,000 livres tournois au chambellan de France, nommé également Matthieu de Montmorency, l'an 1294. Il est vrai que ce seigneur put mettre alors Nésant et Groslay, en vertu des conventions déjà signées, dans le trésor du roi.

Que de fiefs donc! Mais il s'en faut encore que ce soit tout. A la paroisse, celui de Saint-Martin, dont l'emplacement s'élevait au-dessus de l'église jusqu'à mi-côte de Montmorency. Celui d'Inville, aussi à la paroisse, uniquement se composait des censives et rentes seigneuriales qu'elle possédait sur divers héritages de Groslay et des environs; sa dénomination rappelle qu'il fut acquis de la fabrique, en 1695, par Amiot, écuyer, sieur d'Inville, payeur des rentes de l'Hôtel-de-Ville. Celui de Boisselet, appartenant en 1676 à Hélie de Fresnoy, premier commis du bureau de la guerre, qui en rendait foi et hommage à Louis le Laboureur, bailli du duché et seigneur, à Saint-Brice, du fief de Morée, transféré au profit dud.t bailli sur son hôtel de Châteaumont, à Montmorency. Celui de Taillefer : Nicolas Fayet, conseiller du roi, le reconnut, en l'année 1613, à Texier, grand'maître des eaux et forêts, seigneur de Cernay. Celui de Garges eut pour titulaire Jean Duboys, avocat, en 1532. Ceux d'Adam-Asse, de Jean-Allegrain, de Messires-Jean-et-Philippe-de-Villiers et de Maître-Pierre-Boucher furent, pour une bonne partie, reconnus dans la mouvance du roi, *à cause de son chastel et chastellenie de Poissy* : circonstance qui porterait à voir dans lesdits quatre fiefs quelque chose de ce que le trésor du roi tenait de Matthieu !

Les censives de Groslay étaient vendues à titre de fief par le prince de Condé à Louis de Machault, en l'année 1641, et elles passsaient successivement des mains de Machault en celles du contrôleur-général Particelli d'Hémery; de Boissier, maître des comptes, puis de Lalive de Bellegarde. Ces châtelains de Deuil et d'Épinay, en augmentant par-là leurs revenus, ne faisaient-ils qu'une bonne opération? Ils se donnaient, en outre, le plaisir d'élargir la circonscription monseigneuriale.

La Briche et le Petit-Piscop d'Épinay relevaient, en revanche, du Piscop de Groslay, dit aussi fief de Fleury-fils, lequel a été réuni avec les fiefs Fleury, Boubiers, du Rocher, du Marchais et Gascourt, sur le même terroir, et aussi le fief de Poissy, sur Saint-Brice, par sentence du bailliage du duché en date du 8 octobre 1729, faisant du tout le fief Fleury. Jean Galleran avait été seigneur d'une partie d'iceux, sous le règne de Philippe-le-Bel, et il n'avait pas eu à y reconnaître que le Bon de Montmorency pour suzerain. Celui-ci et ses successeurs avaient reçu les aveux : de Jean Pastourel, en 1367, pour le tiers de Fleury; de Gaultier de Tibouvillier, en la même année, pour Boubiers; de Vallet, bourgeois de Saint-Denis, en 1390, pour Poissy et Fleury; de Jacques Poullain, écuyer, au milieu du XVIe siècle, pour Boubiers, Poissy et Fleury; de Nicolas Fayet, conseiller du roi, en 1614, pour Groslay, Fleury, Poissy, Boubiers et le Marchais; de sa veuve, en 1629, *item*; d'un autre Fayet, en 1677, pour Piscop; de D^{lle} Marie Fayet, ensuite, pour Groslay, Piscop, Fleury, Poissy, Boubiers et le Marchais; de Fayet, Cte de Sères, en 1712, *item*, de Madeleine d'Albon, veuve de M. de Bretonvilliers, en 1714, pour la terre seigneuriale de Groslay et tous les petits fiefs, sans exception, qui allaient se grouper avec le fief Fleury; de Simonnet, marchand bourgeois, en 1725, *item;* du M^ls de Fitte de Soucy, officier au régiment d'artillerie Royal-Vaisseau, vers 1741, *item;* de M. de Fitte, Cte de Soucy, fils aîné du précédent, en 1758, *item;* de Dauger de Bagneux, fermier-géneral, 1760, *item.*

On voit par-là que la terre seigneuriale et plusieurs fiefs voisins avaient toujours le même tenancier, depuis au moins le règne de Louis XIII. Aussi les armes de Fayet de Sères figuraient-elles à la voûte de l'église, lorsque le prince de Condé lui ordonna de les faire disparaître, et lui défendit en même temps de se faire nominativement recommander aux prières des paroissiens. L'un et l'autre de ces honneurs n'étaient-ils dus qu'à Son Altesse Sérénissime? Elle empêchait Mme de Bretonvilliers, un peu plus tard, de se qualifier dame de Groslay, et puis une défense identique fut signifiée, en 1746, à M. de Fitte de Soucy et à M. de Lalive de Bellegarde, simultanément. Sur l'entrefaite, M. de Soucy et sa femme, née Jordy de Cabanac, donnèrent à leur fils le château et les terres dont les prérogatives honorifiques leur étaient contestées, à une époque où si peu de châteaux se vendaient sans qu'on en prît le nom! Le parlement, saisi de cette affaire, n'autorisa, le 9 août 1758, M. et Mme de Soucy qu'à se dire *seigneurs censiers de Groslay*, et M. de Bellegarde, *seigneur censier d'un fief sis à Groslay.* Il y en avait trop long, car, pour cette fois, c'était le contraire du galon. Il suffit au conseil du prince d'une courte délibération pour décider, le 5 juillet 1759, que si M. de Cassini achetait les biens de M. de Soucy, on ne s'opposerait plus à ce que le curé de Groslay déférât personnellement à l'astronome illustre les honneurs seigneuriaux, sans qu'ils devinssent pour cela même transmissibles à ses successeurs. Comme château, seigneurie et fiefs ne furent acquis réellement que par le fermier-général Dauger, l'opposition en forme due fut renouvelée à la requête du prince qui, en sa qualité de duc d'Enghien, se réservait exclusivement le titre et le rang de seigneur de Groslay.

Dauger de Bagneux n'en occupait pas moins le vrai château, avec des pièces d'eau dans le jardin ; le château qui tenait la place de l'ancien manoir des Galleran, et dans lequel MM. Treuttel et Wurtz, libraires, ont eu, de nos jours, pour successeur M. Ernest David, puis M. Billaud, membre de la commission municipale de Paris. Du temps de Dauger, les sieurs Pierre Tétard et Decrois occupaient dans la grande rue, au-dessous de l'église, l'ancien jardin Heurtaud, qui avait été en 1528 et 1539 l'objet d'une déclaration censuelle, passée au castel de Bruyères par les Renouard. Dans la même rue demeurait Toussaint Tétard, officier de la maison de Marie-Antoinette. D'autres maisons importantes appartenaient à Carré de Saint-Pierre, Deumier et Mlle Midy. Un troisième Tétard était rue Chéron.

Les anciens seigneurs de l'endroit avaient été beaucoup moins riches que le financier leur dernier successeur. Au milieu de tant de fiefs, que pouvait-il rester au Ch^{er} Hugues de Groslay, qui avait à payer en 1235, 100 sols par an à Jean, Cte de Beaumont, pour être quitte de toute redevance à l'égard du couvent de Conflans-Sainte-Honorine ? Le pauvre sire devait déjà passer pour un vilain, aux yeux du suzerain de Montmorency, et il devait avoir besoin de son aide pour résister aux empiètements des fiefs confinant à son lopin de terre. En ce temps-là l'église de Reims avait pour archidiacre Henri de Groslay, qui contribua plus tard à l'édification de Sainte-Catherine-du-

Val-des-Écoliers. La *Pucelle de Groslay,* fille de Jean le Boucher, avait été contemporaine de Bertrand de Saux, prédécesseur de Hugues ; on appelait ainsi une jeune femme qui devait avoir quelque mérite encore plus rare à Groslay que la sagesse ; les médecins de Louis IX réussirent à la délivrer d'une excroissance de chair. Avant Hugues et Bertrand il y avait eu de l'année 1108 à l'année 1226 : Odon de Groslay, Anselme de Groslay, Adam d'Ancisant, Guido de Groslay, Philippe de Groslay, dame Richilde, femme de Geoffroi de Montmorency, Guy de Groslay, Gautier de Groslay.

Au nombre des successeurs de Bertrand de Saux ont du être : Gervais et Robert de Torote et d'Ancisant; Agnès de Groslay, femme de Guillaume le Loup, écuyer ; Jean Galleran, déjà nommé ; Bernard Prévost, Jean Pastourel, déjà nommé ; Jean Damoiseau, chevalier sous Louis XI ; de Montoléon, en 1577 ; Fayet, déjà nommé ; sa veuve, *id.* ; un autre Fayet, *id.* ; D^{lle} Marie Fayet, *id.* ; Fayet de Sères, *id.;* Madeleine d'Albon, veuve de M. de Bretonvilliers, *id* ; Simonnet, *id.* ; Mis de Fitte de Soucy, *id.* ; Cte de Fitte de Soucy, *id.;* Dauger de Bagneux, *id.* ;

D'après le titre le plus ancien qui se rapporte à la localité, Louis, abbé de Saint-Denis, accordait pour boisson quotidienne à ses moines, dès l'an 862, le produit de plusieurs vignes en Parisis, entre Deuil et Groslay. Matthieu de Montmorency exonérait ses vassaux de Groslay, en 1205, de *toutes mauvaises coutumes, achoisons et corvées, taille et tolte,* moyennant une redevance qui nous paraîtra modeste : 5 sols et 1 chapon. Vers la fin du même siècle, quelques biens sur le territoire du village faisaient partie de ce que les religieux de Saint-Denis donnaient au sire de Montmorency en échange d'une terre Saint-Marcel.

La paroisse de Groslay, bien antérieure à celle de Montmorency, a le même patron, saint Martin ; seulement une part est faite à sainte Geneviève dans la dédicace. Les habitants de Montmorency venaient entendre la messe à Saint-Martin de Groslay, beaucoup avant d'avoir le leur. Diverses couches d'architecture superposées n'empêchent pas de croire qu'une portion de l'édifice remonte au xie siècle. L'église bâtie vers ce temps-là finissait où est le lutrin ; son agrandissement, sous le règne de Louis XI, ressemblait fort à une reconstruction, et il y eut consécration nouvelle. « En 1480, le dimanche 1er aoust, par révérend père monseigneur Guillaume Chartier, évesque de Paris, fust desdiée l'esglise de monseigneur Saint-Martin de Groslai lez-Montmorenci, et bénit et consacra cinq hostiaux d'autel, c'est à-dire le maistre-autel, l'autel Nostre-Dame, l'autel Saint-Michel, l'autel Saint-Jean-Baptiste et l'autel Saint-Nicolas, et bénit un peu de terre à faire cimetière : présent Jean Damoiseau, chevalier ; Denis de Hersent, secrétaire de Monseigneur l'évesque de Paris ; monsieur Philippe d'Oigni, maître-ès-arts et en décret.... Et ce fust par l'aide et conseil de Martin Guymines, laboureur ; était curé Jean Ollier. »

Messire de Montoléon, qui a doté l'église de ses vitraux, était probablement seigneur du lieu. On lit près de son portrait, sur un vitrail : *Dono Domini de Montoleon, 1577.*

La nomination du curé appartenait d'abord à l'évêque ; puis l'évêque reconnut, du vivant de Suger et de son secrétaire, Odon de Deuil, avec l'autorisation du pape Alexandre III, en avoir transféré la collation au prieur de Deuil. Le fait est que Maurice de Sully avait abandonné volontairement ce droit épiscopal vers la fin du siècle précédent : une bulle d'Urbain III consacrait déjà en 1186 la suprématie directe du prieuré sur la paroisse. Des conventions passées à seize ans de là, entre le prieur et Jean de Drancy, chevalier, avaient pour objet la perception des dîmes. Dame Isabelle la Mérelle avait donné à Benoist Bethe, et celui-ci à Jean Gillet, curé de Groslay, sa dîme de vin et de blé à Groslay, appelée la grande dîme des fiefs de Poissy; ainsi la cure avait été dotée de 12 muids 1/2 de vin par année, revenu détaché d'une grande dîme prélevée sur lesdits fiefs. La cure de Groslay se trouvait une des plus riches du doyenné de Montmorency. On en saisit une fois le temporel, qui s'élevait à plus de 400 livres de rente, parce que M. le curé avait cessé, depuis douze ans, de résider dans sa paroisse.

Ce réfractaire n'était pas Jacques Malende, qui vit Groslay pillé par des soldats en 1649, époque de la Fronde (1). Le même curé, qui fut cité parmi les approbateurs du livre janséniste *De la fréquente communion*, mourut à Groslay, le 13 septembre 1661, et y fut inhumé.

L'abbé Languet, curé de Saint-Sulpice, occupait vers le milieu du XVIIIe siècle, une des maisons de campagne de ce village, qui comptait alors 200 feux. L'abbé Languet, qui avait réuni par souscription l'argent nécessaire à l'achèvement de son église, connaissait tous les financiers de la Vallée, qu'il faisait contribuer à d'autres œuvres pies. Aussi habita-t-il l'été plusieurs de nos villages l'un après l'autre.

Moins ingambe fut Martin Ribaille, curé de Groslay. Mais ses infirmités ne l'empêchaient pas de se faire porter à l'église, pour y dire la messe sans quitter son fauteuil. Jugez si pour bénir une cloche, en avril 1783, il a dû monter au clocher !

(1) Dom Félibien, *Histoire de l'abbaye de Saint-Denis*, page 480.

Au mois de mai 1863, la même cloche se fêla, en sonnant la mort de Mme Tétard, dont elle avait sonné le baptême le jour même de son inauguration. Il fallut donc baptiser une autre cloche, le 6 septembre 1863 ; elle dut à ses parrain et marraine, M. Gérard, adjoint, et Mme veuve Rigaud, née Beaugrand, les noms de Marie-Jeanne-Elisabeth. Les fonctions de maire étaient alors remplies par M. Comartin, auteur d'un volume sur Groslay, et à qui la commune doit aussi d'avoir gagné sur Montmorency le hameau de La Rue.

Les chartes en latin portent *Graulidum, Grolitium* et *Groleyum*, lorsqu'elles parlent de Groslay. Il y eut toutefois plusieurs lieux du même nom, dont deux dans le diocèse de Paris. Le petit Groslay était, selon l'abbé Lebeuf, « à l'extrémité de la paroisse de Bondies, à trois lieues ou environ de Grolay-la-Paroisse. (1) » La racine du nom peut être *Grolle* : une espèce de corneille s'appelait ainsi, et on en peignait une pour servir de point de mire aux tireurs d'arc. Mais on préfère généralement que *Gros lay* veuille dire *Gros sanglier*, ce qui parait couleur locale dans une contrée autrefois giboyeuse. A cause même de cette interprétation, et sans y craindre un affreux calembour, aucun mari n'aime, à Groslay, que sa femme appuie trop, en le regardant, sur le nom du village.

(1) *Histoire du Diocèse de Paris,* Tome III, page 362.

SAINT-BRICE-SOUS-FORÊT

SAINT-BRICE-SOUS-FORÊT

Tantôt la gamme des dates est ascendante, tantôt elle descend, selon que nous commençons ou que nous finissons par entonner les louanges des communes d'à-présent, qui ne se contenteraient pas absolument d'entendre chanter leurs ressouvenirs féodaux. Si l'admirable pourtour de Montmorency a dû relever de la grande Révolution, suprême seigneurie, du moins il avait eu l'honneur d'y contribuer, comme l'un des points de départ de ces conquêtes philosophiques de toute espèce qui, pour les uns, servent d'excuse à l'ère nouvelle et qui ont, pour les autres, glorieusement rendu praticable la régénération sociale.

Tout le monde est mieux d'accord en ce qui regarde le paysage. Saint-Brice, dont une grande route fait un gros bourg dans le canton d'Écouen, et qui ne doit pas aux nouveaux moyens de communication une physionomie moins villageoise, est aussi, par droit d'origine, par privilége de proximité, par les riantes allures de ses villas, le lieu de plaisance qui a le moins changé depuis un siècle, dans le pays dont nous déroulons le panorama historique. Il y a plaisir à revendiquer Saint-Brice, qui est resté sur la limite cantonale et qui faisait partie du doyenné de Montmorency. Il est vrai que Gonesse, Villiers-le-Bel, Écouen, Argenteuil, Conflans-Sainte-Honorine et d'autres villes ou villages partagent ce dernier honneur avec Saint-Brice ; mais leur air de famille ne vient plus de la même branche. Saint-Brice est sur le grand chemin de Beauvais à Paris, entre la commune de Piscop et celle de Groslay, près Sarcelles, près Pierrefitte, à une lieue de Montmorency et à mi-chemin de Beaumont à Paris, ce qui en fait, de temps immémorial, pour les auberges un favorable milieu d'étape. Le territoire comporte des prairies, des champs de blé, des vignes et des bouquets de bois fort délicieux.

Les parisiens ne manquent pas à Saint-Brice. Ne voyait-on pas à leur tête, il y a une douzaine d'années, MM. Beau, trinité fraternelle avec ses trois châteaux, Salel de Chastanet, Sabran, Juge, Guy père, Daval, Monnot, Charvet, Oudard, le Dr Bazin et Mme Dreux ?

Il ne reste que les écuries de l'ancien château, dans la propriété Jayme, et la ferme, qui est la maison de Mme Thorel. Mais ce château avait déjà, avant de disparaître, son histoire moderne, et elle était aussi connue que son histoire ancienne l'était peu. Heureux les peuples qui n'ont pas d'histoire ! dit un grand écrivain ; mais il n'en est pas de même pour un château, qui perd beaucoup de charmes quand on est obligé d'en essuyer les plâtres, puisqu'il plaît tant à un propriétaire d'y rattacher un de ces noms dont la réputation s'identifie avec l'immeuble. Le ci-devant château de Saint-Brice avait encore, ou déjà, sous le Consulat, pour occupant M. de Trepsac, le même qui, le 3 nivôse, a eu la cuisse broyée par l'explosion d'une machine infernale braquée sur la voiture du premier consul dans la rue Saint-Nicaise. Puis la propriété est échue au maréchal prince de Macdonald, avant de servir de résidence au prince de Talleyrand, l'Ahasvérus de la contrée. La famille Caillard a ensuite habité là, et, bien qu'elle n'y fût que locataire, elle a fait la dépense d'y amener les eaux dont jouissent, par diverses prises, plusieurs propriétés qu'elles arrosent et embellissent. Eugène Sue lui-même s'est retiré chez sa sœur, Mme Marc Caillard, pour y écrire un de ses meilleurs romans.

Deux comédiens, l'un Crétu, l'autre Amiel, avaient deux maisons de campagne dans le village, du temps de M. de Trepsac. Le premier est le fondateur du théâtre des Variétés. Le second donna un orgue à l'église de Saint-Brice, qui n'en avait pas encore eu, et Dabos, peintre de la reine Hortense, décora de peintures son salon et sa salle à manger, à l'occasion d'une restauration générale. Gavaudan et sa femme, de l'Opéra-Comique, furent aussi *bourgeois* à Saint-Brice, mais après avoir passé plusieurs étés à Montmorency.

L'abbé Maury, curé en 1789, fut en même temps député et membre du bureau intermédiaire de Saint-Germain-en-Laye, réglant ce qui était dû aux ecclésiastiques du district. Le futur cardinal de ce nom, ensuite archevêque de Paris, jouait déjà un plus grand personnage. Mais l'un était-il frère de l'autre? Oh! comme un seul abbé Maury suffisait bien!

Les deux sœurs appelées Colombe faisaient la paire, quelques années auparavant, pour la joie et la ruine de plus de deux galants. Mais il y en avait une presque célèbre, et c'est la nôtre, celle qui eut à Saint-Brice un pimpant hôtel de campagne. Il appartient à M. Guy, maire actuel de la commune, lequel a bien voulu ouvrir toute grande, en nous voyant, cette bonbonnière qui ne manque pas de friandises pour les yeux et pour la mémoire. La façade est, tout comme au xviiie siècle, du côté du jardin : les roses qui la couronnent, d'une corbeille à une autre, sont dépourvues de couleur, mais ne se fanent pas. Sous les arbres, une jolie terre cuite représente le petit dieu malin et une femme, pour laquelle a dû poser la prêtresse même de ce temple d'amour. Un médaillon de Boucher donne son portrait, dans un dessus de cheminée ; un autre médaillon du même genre est attribué à Fragonard. Colombe Riggieri a joué les amoureuses, même au théâtre. Je ne crois pas qu'elle ait paru ailleurs qu'à la Comédie-Italienne, où elle a débuté dans son emploi par le rôle d'Hortense dans le *Huron*, le 6 septembre 1772. L'année suivante, elle a rempli dans *Tom Jones* le rôle de Sophie ; dans *Zémire et Azor*, le rôle de Zémire. Colombe se retirait du théâtre, avec la pension, en 1788 ; dès lors, elle y comptait vingt ans de service pour le moins, malgré l'interruption que la chronique scandaleuse, à la date du 23 janvier 1767, avait constatée en ces termes : « La passion de Milord Mazarin pour la demoiselle Colombe des Italiens, qu'il avait enlevée à ses parents, devait durer éternellement. Mais elle est déjà passée. La semaine dernière ils se sont battus comme des démons, et la dame est revenue chez ses père et mère le bâton blanc à la main, c'est-à-dire sans avoir rien. Cet anglais est un petit vilain, et l'on ne comprend pas comment cette demoiselle s'était laissée coiffer d'un pareil crapoussin, de préférence à plusieurs de nos jeunes seigneurs qui s'offraient de bonne grâce à se ruiner pour elle, entr'autres le Marquis de Lignerac, qui avait proposé 1,200 francs de rente pour commencer. On ne tardera sans doute pas à la voir reparaître aux Italiens, à moins qu'un peu de honte ne la retienne, ainsi que ses parents. »

Vers la fin du règne de Louis XV, le Cte de Vienne, maréchal-de-camp, seigneur de Saint-Brice, par suite de la substitution que son aïeul maternel, François de Braque, avait ouverte à son profit, et par suite d'une transaction en forme de partage faite le 20 avril 1741 entre Paul-Emile de Braque et lui, était maître des fiefs suivants : les Censives-de-Saint-Brice, le Travers-de-Saint-Brice, Ozonville, dit primitivement Saint-Brice, Nesant ou la Muette, la Couture, Picot, Domont et le Champ-de-Domont. Toutefois ce propriétaire n'est pas qualifié seigneur dans le bilan de la paroisse, dressé en l'année 1761, où le curé Chapperon et les marguilliers se contentent de le porter débiteur de 6 livres, 5 sols de rente. Les revenus de la cure, avec cet appoint, s'éleveraient à 1,219 livres 11 sols, si le fermage des terres était bien payé ; mais on trouve ces terres trop chères pour faire honneur aux engagements qui les mettent jusqu'à 60 livres l'arpent. Heureusement les dépenses annuelles de la fabrique ne montent qu'à 1029 livres, 16 sols, dont 380 attribuées au curé, 290 au vicaire, 15 au prédicateur de l'Avent et du carême, 100 au maître-d'école et 34 au bedeau.

Que remarquer encore à Saint-Brice, pendant que les honneurs y sont rendus tant bien que mal au Cte de Vienne, lequel ne paie pour Nesant et la Couture des droits de relief, montant à 600 livres, que le 30 octobre 1767, entre les mains de dom de la Forcade, procureur et censivier de l'abbaye de Saint-Denis ? Un grand propriétaire en ce village est Dutrou, seigneur dans un autre. Plusieurs pièces de terre appartiennent au collége du Cardinal-Lemoine. Les visitandines de Saint-Denis ont acquis de Louis le Laboureur 22 arpens, provenant de Morée et de Hugo : féodalité transportée à Châteaumont l'année 1676.

La terre des Alluets est située derrière le parc dit alors de Saint-Brice. Le mousquetaire Pépin, sieur de la Montagne, a transporté un fief de 6 arpens, près l'étang de Chauffour et le Clos-Béranger, à Midi, miroitier; ce dernier vend à la M^{ise} de Foucault. Pour aller au Champ-de-Domont, prenez la direction de Sarcelles. Les Carnaux, fief dont nous avons parlé dans la notice de Montmagny, n'en ont pas moins leur chef-lieu à Saint Brice, et c'est dans la même rue, plus tard de la Fontaine, mais en ce temps-là Montdevisme, que donne l'hôtel d'Ozonville, dont la porte est flanquée de deux tours carrées, auxquelles font vis-à-vis les communs du même hôtel, qui a relevé d'abord de la seigneurie de Puiseux, puis directement du duché d'Enghien. Tout au bout de la grande rue de Saint-Brice, 13 ou 14 arpens de bois dépendent de Bruyères-le-Chastel de Groslay; ils tiennent vers le couchant au bois du Cte de Vienne, vers le levant au bois de M. Quinet, par derrière à celui de Mme de Chérisy, qui donne sur la route de Domont. Le fief de la Couture forme un angle sur la grande rue et la ruelle du Trou-Lamirault. Celui de Nesant ou de la Muette s'asseoit sur le chemin de Montmorency, et il s'y rattache un hameau, où le moulin à vent de Nesant se transformera plus tard en une tour, habitation de M. Juge, puis du Dr Coqueret.

Entre le Cte Vienne et le Mis François de Braque, seigneur de Saint-Brice en partie, de Piscop, et de Chateauvert, surintendant de la maison de la D^{sse} d'Orléans, il y a eu Christophe de Braque, Cte de Loches, seigneur de Saint-Brice, Ozonville, Nesant, la Couture et autres lieux. Le vendeur de François était J.-B. Picot, pour les fiefs, le 24 décembre 1670. Le prince de Condé avait groupé, onze ans plus tard, de nouvelles acquisitions faites par

Jean Mathas, son bailli, pour le compte de M. de Braque, avec les fiefs de la Motte, des Carnetins, de Hugo en partie et de Morée pareillement, appartenant déjà au même propriétaire. Tels étaient les éléments de la seigneurie censière de Saint-Brice, établie par le prince en même temps que leur cohésion, mais sans justice et sans droits honorifiques dans l'église, autres que ceux proprement dits *les honneurs,* et avec obligation de prendre tarif du bailli pour les droits de travers. Par l'intermédiaire dudit bailli avait été acheté principalement l'hôtel de M. de la Briffe, président au grand-conseil, et de sa femme, née Potier de Novion : propriété ouvrant sur la grande rue et longeant la ruelle du Four-de-l'Aumône. A cet hôtel déjà seigneurial se rattachaient les droits de travers de Saint-Brice et de Sarcelles, le fief des Fontaines, d'autres privilèges et d'autres terres. Le reste des biens englobés dans la nouvelle seigneurie étaient une cour et un jardin, provenant de la succession de Leroux, secrétaire du grand-conseil, et certain fief Godin, de 2 arpens.

Le président, n'étant encore que conseiller-secrétaire du roi, avait rendu foi et hommage devant la porte de la tour du château de Montmorency, le 2 novembre 1680, à raison du fief des Censives-de-Saint-Brice-Poncelles-Moiselles-et-Chauvry, et du fief des Travers-de-Saint-Brice-et-Sarcelles, avec les censives qui en dépendaient. Tout lui venait de son père, trésorier de France à Montpellier, acquéreur de Louis Phélypeaux de la Vrillière et de Marie Particelli, son épouse. Celle-ci était fille de Michel Particelli, qui succédait lui-même au contrôleur-général Particelli d'Hémery, tant à Saint-Brice qu'à Groslay, Deuil et autres lieux. Tous ces propriétaires avaient leur auteur dans Pierre Puget, sieur de Montauron, conseiller d'Etat, et c'est le même que nous avons déjà vu à la Chevrette. Henri de Bourbon, prince de Condé, et Charlotte-Marguerite de Montmorency, son épouse, avaient aliéné en sa faveur, le 26 mars 1641, entre autres biens, *des cens et champarts accensés, moutonnages, bleds, avoine, vins, chapons et poules de Saint-Brice et Sarcelles, travers, rouage, champarts de graine et pré; plus à Chauvry; sous réserve de tous droits seigneuriaux.* Depuis lors il y avait eu un adjudicataire à ferme des droits de travers et péage; Philippe Lescuyer, marchand-hôtellier à Saint-Brice, en était le fermier sur la fin du xviie siècle. La terre de Saint-Brice avait passé des Montmorencys aux Condés. M. de Rupières avait obtenu du duc de Montmorency, en l'an 1629, l'autorisation de capter les ruisseaux coulant par les chemins, pour en faire passer l'eau dans sa propriété, à la condition d'établir, d'entretenir une fontaine publique, et detenir en foi et hommage ce privilége, à titre de fief des Fontaines, sous la redevance d'une paire de gants à chaque mutation. M. de la Briffe, en 1639, s'était mis en lieu et place de M. de Rupières, dans la maison de campagne et dans le fief, par voie d'acquisition.

Les Braque, en prenant possession de la seigneurie de Saint-Brice, restreinte dans ses prérogatives, mais assise sur des terres déjà bien suffisantes, avaient trouvé une vieille chapelle Saint-Nicolas dans la grande rue, c'est-à-dire sur la route de Paris à Beauvais, au coin du chemin de Groslay à Sarcelles. Elle avait pu, dans le quartier méridional du village, servir de succursale à l'église qui lui faisait pendant à l'autre bout de la même rue. Saint Brice, évêque de Tours, était resté le patron de l'église, qu'on avait restaurée et agrandie considérablement au xvie siècle, au risque de greffer la renaissance sur le gothique, et dont la cure était à la nomination de l'abbé de Saint-Victor, à la collation de l'archevêque. La chapelle avait dû dépendre d'une maladrerie au moyen-âge, et le prince de Condé, si ce n'est M. de Braque, la fit remplacer par une croix.

Il y avait alors une maison qu'occupait M. de Morainvilliers, au fief de la Couture.

Un autre fief et une autre maison avaient eu l'honneur d'appartenir à Bossuet, l'aigle de Meaux, qui les avait donnés à Mlle de Mauléon, et cette gracieuseté faisait dire de l'éloquent évêque, à propos de son gallicanisme, qu'il n'était pas tout à fait janséniste, et moliniste encore moins, mais qu'il était par trop *mauléoniste!* L'avocat Mauléon venait d'abord à Saint-Brice, pour y rendre visite à sa sœur; plus tard, il y reçut lui-même Jean-Jacques Rousseau, qui demeurait à Montmorency, et la propriété s'appelait alors le fief de Mauléon : le bâtiment d'habitation était assez considérable et sur une rue de derrière, bien que le clos eût au moins une communication avec la grande rue. On dit que M. de Saintré postérieurement y a fait un dépôt de contrebande. Toujours est-il que la superbe villa de M. Alexis Beau comprend un territoire qui a encore gardé son ancien nom de Giraudon, et un autre, dit Mauléon, sur lequel se trouvent les basses-cours, du côté de la rue de Gournay. Le parc de la propriété a englobé, de notre temps, une voie de communication qui a été reportée plus loin.

Saint-Brice n'avait pas eu de seigneur particulier de 1525 à 1641; aussi le titre en avait-il été porté pendant ce temps-là par le seigneur de Montmorency. Le duc, dix ans avant l'aliénation, avait fait un commencement de procès à dame Anne de Maupas, veuve de Picot, Bon de Couvé, au sujet de la qualité de dame en partie de Saint-Brice, qu'elle prenait à cause des fiefs de ses enfants mineurs, qui étaient aussi ses pupilles. Comment les Montmorencys avaient-ils recouvré, au xvi⁰ siècle, les droits de travers, de justice et de censive, à Saint-Brice et à Sarcelles? par la vente qu'en avait faite Pierre Boucher, seigneur de Piscop, à Guillaume, seigneur et Bᵒⁿ de Montmorency, chambellan ordinaire du roi. Le fief en était grevé, à cette époque, de 48 livres parisis de rente envers les chanoines de l'église de Paris, dont 20 par suite de transaction relative au droit de justice. Les devanciers du vendeur avaient été : Etienne Boucher, avocat (1485); Arnoul Boucher, père d'Etienne, qui avait passé reconnaissance à Jean de Montmorency pour Piscop, Chauffour, le Travers-de-Saint-Brice et un autre fief à Soisy (1461); Jeanne la Gentienne, veuve d'un autre Arnoul Boucher (1410); ledit Arnoul, seigneur de Piscop, à qui Jacques de Montmorency, le 4 décembre 1404, avait octroyé le droit *de prendre sur les personnes passantes par le travers de Sarcelles 60 sols, 1 denier parisis, à condition de lui en rendre 20 sols de rente;* Marguerite de Blainville de Belle-Assise, qui avait rendu foi et hommage pour le Travers-de-Saint-Brice-et-de-Sarcelles, dès l'année 1373.

Jacques de Montmorency, en 1391, avait été maintenu, pour son propre compte, dans le droit de prélever sur la marée qui passait dans le village le poisson qui était à sa convenance, en le payant toutefois selon sa valeur.

Le conseiller au parlement François Picot n'y allait déjà pas de main-morte, sous le règne de Henri II : sa couronne féodale était à six fleurons. A lui Gascourt et le Marchais, sur la paroisse de Groslay; à lui, sans sortir de Saint-Brice, Nesant et la Couture, Ozonville et Picot! Rien que ce dernier fief se composait d'un hôtel seigneurial, avec son jardin, ses terres et ses bois : la suzeraineté en avait été contestée, mais sans succès, à Anne de

Montmorency. Jean le Picart, prédécesseur des Picot dans les trois autres fiefs, s'était reconnu pour deux dans la mouvance du président Olivier, seigneur de Puiseux ; il avait succédé à son père, pronotaire du roi. Ajoutons pour Nesant et la Couture : Hue de Dicy, conseiller du roi, en 1416 ; son oncle, Denis de Pacy, même qualité, en 1400 ; Jacques de Pacy et Guillemin Bertin, simultanément, une quarantaine d'années plus tôt. Pour Ozonville : Pierre des Essarts, voyer et bourgeois de Paris, en 1328, et le chevalier Regnauld de Nantouillet auparavant.

Le président Cristophe de Sève disposait, sous la régence de Marie de Médicis, du Clos-Béranger, qui relevait de la seigneurie de Richebourg, et aussi de 6 arpens de pré au fief Hugo, relevant du duché ; dans le premier, il précédait Philippe le Lièvre, gentilhomme ordinaire de la maison du roi ; dans le second, il suivait Louis de Saint-Yvon, maître des requêtes de la reine. La famille de Braque eut les fiefs Hugo, Chauffour et de la Motte, depuis le règne de Charles VI jusqu'à celui de Charles IX, sans compter le fief du Luat, sur la paroisse de Piscop. Le Hugo de Saint-Brice avait suzeraineté sur celui de Sannois du même nom. Burchard avait tenu à Hugo, l'an 1177, une assemblée, et alors le seigneur du lieu avait nom Henri. Famille d'épée et de robe que celle de Braque ! La période indiquée ci-dessus nous en montre un membre siégeant au parlement de Paris, bien que Nicolas de Braque, trente ans avant, fût resté sur le champ de bataille d'Azincourt. La Motte eut pour seigneur, après les Braque, Rolland de Neufbourg, seigneur aussi de Sarcelles. L'écuyer Jean de la Motte, parrain du fief, avait été contemporain de Charles V, et il avait eu son manoir féodal dans le voisinage du moulin Hugo, avec 10 arpens de dépendances.

Les phases qu'ont traversées ces étoiles fixes de la féodalité sont autant que possible indiquées ; notre point de repère n'en est pas moins le clocher de Saint-Brice. Après avoir dépendu de Groslay et servi d'annexe pour Piscop, l'église fut érigée en cure vers 1100, et donnée aux chanoines réguliers de Saint-Victor par Etienne de Senlis, évêque de Paris, comme ex-voto de Radulfe le Bel : ce seigneur laïque avait possédé aussi bien l'église de Villiers-le-Bel. La moitié de la dîme de fèves de Saint-Brice fut offerte au prieuré de Saint-Martin-des-Champs par Matthieu Ier de Montmorency, qui n'avait pas cru devoir davantage, n'étant que laïque, conserver soi-même du bien relevant de l'abbaye de Saint-Denis. C'est ainsi que par des dons soit à une maison religieuse, soit à un hospice, soit au roi, soit enfin aux tenanciers de fief, les sires de Montmorency s'affranchissaient souvent d'un hommage dû à l'abbaye royale. Par malheur, une redevance d'argent grevait la cession de l'église faite au nom de Radulfe le Bel ; de sorte que les religieux de Saint-Victor hésitèrent quelque temps à accepter ce legs. L'évêque Thibaud dut s'en préoccuper, en 1148, et des transactions intervinrent, en vertu desquelles sire Hubert, seigneur de Saint-Brice, eut un quart de la dîme ; l'abbé Suger y consentit. Achard, abbé de Saint-Victor, finit par se munir d'une bulle du pape Adrien IV, confirmant à son monastère ses droits sur l'église de Saint-Brice.

Dès le XIIIe siècle, il y eut aussi en ce village une Maison-Dieu, hospice qu'on prétendait de fondation royale ; Bouchard, l'an 1237, la gratifiait de 10 livres de rente, et elle en avait 100 d'ailleurs. En 1351, un mandataire épiscopal visitait l'hospice, Pierre de Saint-Lô étant curé du lieu.

PISCOP

PISCOP

N'avons-nous pas déjà rendu foi et hommage, pour ainsi dire, à nos lecteurs, en raison de deux ou trois fiefs Piscop, assis sur le terroir d'Épinay et de Groslay? Deux hameaux se sont réunis pour former un village du même nom, où le petit Piscop se distingue encore du grand. Comment tant de Piscops, si peu distant l'un de l'autre, n'auraient-ils pas une origine commune? Le village pourtant appartient aujourd'hui au canton d'Écouen.

Pierre de Piscop, chevalier, et D[lle] Mahau, sa femme, fondèrent la cure en l'année 1211, mais dans une chapelle qui ne fut érigée en église paroissiale que trois ans après par Pierre de Nemours, évêque de Paris. Gobert, curé de Saint-Brice, y avait consenti, et Pierre de Piscop lui avait assigné 30 sols de rente sur la seigneurie, à titre de dédommagement perpétuel. Un supplément fut ajouté à cette indemnité par Erimbert de Braque. D'autres bienfaiteurs de la nouvelle paroisse eurent noms Eloi de Piscop et Radulphe de Piscop. Leur générosité à tous fut dépassée par celle d'Eremburge de Brie, dame alliée à la maison de Piscop, qui, en présence de ses fils, les Ch[ers] Pierre et Renaud, fit donation à l'église de tels biens que les fiefs de Blémur, du Luat et de Poncel y figuraient. On ne sait même pas trop comment ces fiefs sortirent de leur main-morte pour rentrer dans le siècle. La grande abbaye qui avait, selon l'usage, servi de marraine à la cure, lors de sa création, était-ce l'abbaye de Saint-Victor, ou celle de Saint-Martin-des-Champs? Du moins l'abbé de Saint-Victor présentait à la cure de Piscop dès le xve siècle, si ce n'est plus tôt. L'église avait été placée sous l'invocation de la Vierge-naissante ; mais la seconde dédicace, après une reconstruction, fut aussi faite sous le titre de Saint-Gunifort, le 27 juin 1560, par Philippe, évêque de Philadelphie. Restauration encore au siècle suivant, sous les yeux du curé Béraut de Braque, jouissant d'un bénéfice à Meaux, comme prieur de Sainte-Céline, puis protonotaire du Saint-Siége.

Etat des biens et revenus de la cure de Piscop, sous la Régence :

17 arpens de terre et la moitié des dîmes de la paroisse, y compris les noualles et vertes dîmes affermées au sieur Lebel	450 liv.
Pour quatre jours de voiture, dû par le même fermier	25
Rapport approximatif de 20 perches de jardin potager, déduction faite de 30 livres pour frais de culture	70
1 muid « de blanc métail aumosné à la dicte cure lors de l'érection d'icelle, » blé estimé par an..	130
Revenu casuel, environ.	30
La fabrique paie chaque année au sieur curé, pour pour l'acquit des fondations.	95
Rente pour messes à l'intention de Marguerite Martin	4
Total	804 liv.

Le *sieur curé* de cette époque s'appelle Denys Parent, et il a mieux aimé reconstruire le presbytère à ses dépens que de s'aventurer en des contestations, en des procès avec ses paroissiens. Les ornements de l'église ne sont que pour moitié à la charge du curé de Piscop, l'autre moitié en incombant à MM. de Saint-Martin-des-Champs, lesquels jouissent d'une part égale dans les dîmes de la paroisse.

Anselme de Piscop avait été seigneur du lieu en 1124 ; Henri de Piscop et puis son fils Thibaud lui avaient succédé, et le Ch^{er} Pierre n'était venu qu'après eux. Amaury de Piscop, écuyer, mari d'Agnès, céda aux religieux du Val les vignes de Jouy, sises au lieu dit le Coudray, vers 1300. Gilles de Versailles précéda, en la seigneurie de Piscop, damoiselle Roberge de Versailles, sous le règne de Charles V. Néanmoins, vers le milieu du siècle xiv, sous le roi Jean, Arnoul de Braque, anobli par Philippe de Valois, avait plusieurs seigneuries à Piscop, et sa postérité en jouit jusqu'à ce qu'une fille de Simon de Braque, veuve du sieur du Mesnil, dit Marcelet, en vendît une partie à Arnoul Boucher, trésorier de France et général des finances, époux de Jeanne la Gentienne ou Gentian, laquelle resta veuve et dame de l'endroit. Bureau Boucher, venu du Poitou, et marié à Gilette Raguier, dame d'Orçay, fut maître des requêtes et conseiller de Charles VI ; son fils aîné, Jean Boucher, seigneur de Piscop et d'Orçay, s'unit avec Denise de Harlay, et il en eut Pierre Boucher, qui ajouta la seigneurie d'Houilles aux deux autres, et qui lui-même donna le jour à Arnoul Boucher, premier président au grand-conseil. D'autres membres de cette famille, tant siégeant que plaidant en parlement, disposèrent successivement de la même terre, qui comprenait hôtel, colombiers et jardins. Catherine Boucher ne l'apporta pas en dot, vers la fin du règne de

Louis XIV, à son mari Antoine le Feuve, sieur de Vanelle ; mais son grand'père avait affermé pour 2,400 livres tournois, sous le règne précédent, à Claude Gillet, procureur au bailliage de Montmorency, l'hôtel et les terres, avant leur adjudication à Fayet, conseiller au parlement, moyennant 79,200. Cet acquéreur avait fait bail à Huet, laboureur à Saint-Brice, pour 3,400. Dame de Piscop ensuite : Mlle Fayet. Son titre seigneurial était reconnu ; toutefois un autre seigneur qu'elle, sans compter le prince de Condé, jouissait des honneurs à l'église. Ceux-ci ne furent acquis sans conteste à l'un des successeurs de Mlle Fayet qu'au commencement du règne de Louis XVI, et à la condition de passer après le prince. Le curé pouvait dire alors : — Nous recommandons à vos prières son Altesse Sérénissime le prince de Condé, duc d'Enghien, seigneur de cette paroisse ; nous recommandons aussi à vos prières haut et puissant seigneur en partie de Piscop, M. Antoine de Tilly. Celui-ci vendait en 1777 à Saleur de Grizieu, fermier-général, l'hôtel seigneurial, une maison dite à Piscop le fief Binet et le fief de Blainville, avec tous les droits seigneuriaux attachés à ces fiefs, la suzeraineté sur le Luat, Blémur, La Briche, l'Écu-de-France, Gratteloup et portion du clos de Rosni ; 103 arpens de terre arable, 22 de pré et 208 de bois, moyennant 150,000 livres et 5,000 de pot-de-vin, à charge de payer chaque année un muid de blé au curé de Piscop. M. de la Grange eut ensuite le château, pour le laisser à ses deux filles, dont l'aînée épousa M. du Tillet, sieur d'Étampes. Que M. de Vareuil fût ou non l'autre gendre du même la Grange, il vint après lui à Piscop, et M. Clapier racheta sous l'Empire sa propriété, située auprès de l'église et dite la Maison-Rouge, qui appartient maintenant à M. Schefter, négociant.

Quand la famille de Braque avait cédé à celle Boucher la seigneurie proprement dite de Piscop, elle s'était réservé des droits sur le même terroir. Mais qui prouve que le Château-Vert en fit partie? C'était aussi le fief des Ouches, y compris toutes ses dépendances. Arnoulet des Ouches en avait passé aveu et dénombrement, à cause de Jeanne du Luat, sa femme, au seigneur de Thieux, ayant nom Philippe des Essarts, sous Charles VI. Dans la même mouvance fut reconnu le fief pendant plus de deux siècles. Puis il y eut en présence plusieurs censives, et c'est du consentement des différents seigneurs intéressés que le traitant Puget de Montauron, adjudicataire sous Louis XIII, divisa la reconnaissance de cette manière : l'hôtel et 15 arpens au Mis de Rostaing, sieur de Thieux ; 45 arpens de bois, plus quelques pièces, tant de terre que de jardin, au seigneur de Blémur; quelques arpens au seigneur de Domont; une petite maison et une trentaine d'arpens, au seigneur de Piscop; quelques morceaux aux tenanciers de fiefs sis à Saint-Brice ; enfin 19 arpens, plus une rente de 20 livres et de 5 chapons, au duc d'Enghien, haut-justicier, parce que la juridiction censuelle n'en était pas déterminée. Acquisition fut faite, en 1645, par le contrôleur-général des finances Particelli, dont la veuve, Marie le Camus, ne vendit que quinze ans après à François de Braque. L'arbre généalogique des Braque s'était greffé sur une tige royale, au xvie siècle, par le mariage de Philippe de Braque avec l'écossaise Guyonne Stuart, et la seigneurie de Piscop s'était perpétuée pour les siens à titre honoraire, depuis l'aliénation de la terre principale et des droits y assis. C'est pourquoi un saint né dans les montagnes de l'Écosse, saint Gunifort, qui d'ailleurs avait voyagé et en France et en Italie, était devenu si facilement le second patron de la paroisse de Piscop en ce temps-là. Des contestations, un siècle après, s'élevèrent relativement aux titres et aux honneurs seigneuriaux que s'arrogeaient à Piscop MM. de Braque. Un arrêt du parlement de Paris réserva donc, en l'année 1688, à à Mlle Fayet la qualification exclusive de dame du lieu, en défendant aux Braque de se dire à l'avenir sieurs de Piscop, même en partie, mais en autorisant ceux-ci à porter le titre de « sieurs du fief des Ouches ou Château-Vert, sis à Piscop. » La cour accordait en même temps à ces MM. du Château-Vert la préséance sur Mme de Piscop, quant aux honneurs qui leur étaient rendus en l'église même, parce que ladite église comptait au nombre de ses fondateurs Erimbert, Pierre et Renaud de Braque. Etait-ce un motif suffisant pour que le Mis de Braque, Paul-Émile, seigneur du Château-Vert et autres lieux, mît son *veto*, en 1742, à l'apposition des armes du duc d'Enghien, prince de Bourbon-Condé, sur des crêpes funèbres, à l'église. Le prince dut passer outre à cette résistance, et toutefois il en gardait rancune. La prévôté de Gonesse ayant permis la plantation de poteaux aux armes du châtelain, dans toute l'étendue de son fief, le haut-justicier s'opposa à cette démonstration, dont la prérogative, confirmée par arrêt, n'appartenait qu'à lui. Sur l'entrefaite et en plein Château-Vert, M. de Braque rendit le dernier soupir. Mme de Chérisy, sa fille cadette, lui succéda. Néanmoins foi et hommage étaient rendus, en 1747, par Thomas, Cte de Hume, du chef de sa femme, née de Braque. On finit par décider que le sieur de la Maison-Rouge aurait le pas, jusque dans l'église, sur l'autre sieur, qui était ou qui fut prochainement M. de Suffren. Ce nom-là ne vous paraît-il pas, pour le moins, celui d'un parent du célèbre amiral, bailli de Suffren ? Toujours est-il que M. de Vareuil, le châtelain de la

Maison-Rouge, avait avec cet autre châtelain des relations de parenté qui pouvaient les mettre d'accord sur les questions de préséance. Le général Drouot est encore devenu, sous l'Empire et sous la Restauration, l'un des prédécesseurs de Mlle Le Caron, propriétaire du Château-Vert en ce temps-ci.

A cheval sur la route de Beaumont, le hameau de Poncel est aussi petit que joli : il dépend de la commune dont nous faisons l'histoire. Mme Hémery succède à M. Metman, caissier de l'Imprimerie impériale, dans ce qui reste du château de Poncel, acheté par M. Liottier après la Révolution, ainsi que les bois de la seigneurie de Piscop. M. Hodan est fermier au hameau et maire du village, à la fois. En passant sur la route, vous y remarqueriez, vis-à-vis la propriété de Mme Hémery, le *buen retiro* de M. Audiffret. On vous signalerait, en sortant, la villa de M. Millot. Poncel eut pour dernier seigneur M. de Baillon, qui sans doute le quitta trop tard, car il mourut révolutionnairement : son hôtel de campagne avait servi de rendez-vous de chasse au prince de Condé et au maréchal de Soubise. Guillaume du Poncel et puis Cécile, sa veuve et héritière, avaient fondé, vers 1209, dans la basilique de Saint-Denis, la chapelle de Saint-Hippolyte. Adam de Poncel, chevalier, avait reconnu devoir, le 2 janvier de chaque année, un cierge de 5 sols aux génovéfains de Paris, et sa succession en avait été grévée.

Pour aller de Piscop au Luat, château mieux caractérisé qui dépend également du village, il faut passer devant Poncel. La physionomie du Luat respire moins la grandeur que la sévérité. J'ai fait le tour de ce viel édifice, en l'absence du magistrat qui en est le propriétaire, M. Hua, et je voyais un peu plus loin Écouen, le château d'Écouen, qui, beaucoup moins modeste, domine plus de terres qu'il n'en a jamais eu pour dépendances. Qu'ai-je remarqué chez M. Hua, par une journée qui ne se rapprochait de l'été de la Saint-Martin absolument que par la date ? une avenue qui paraissait longue et une cour d'honneur trop carrée ; des grilles de fer qui avaient l'air de ne plus glisser sur leurs gonds depuis que les seigneurs eux-mêmes subissent la justice qu'ils rendaient ; des chiens qui faisaient retentir d'une plainte plutôt que d'une menace les échos du château désert ; des fenêtres sans nombre fermées pour tout l'hiver, mais qui semblaient ne s'être ouvertes qu'à regret, qu'avec économie pendant la belle saison ; pas un visage, pas une voix humaine, le gardien de la propriété n'étant pas là ; des communs refroidis eux-mêmes par la froideur de la maison, malgré les bestiaux qu'on y voyait, et une mare troublée par les anciens ébats des canards qui, devenus frileux, s'y tenaient cois ; la cloche de Saint-Brice ou de Piscop sonnant un glas funèbre, pour annoncer qu'il y avait un corps aussi inanimé que cette habitation ; les dernières feuilles disant adieu aux arbres, et puis la neige menaçante, mais comme suspendue sur un brouillard mal dissipé et d'une humidité plus pénétrante.

Il y eut là, au commencement du siècle, une filature de coton, dirigée par M. Denis Jullien. Mme de La Roche, veuve de Boucher, receveur de la capitation de la cour, tenait ce beau domaine de Mme de Flogny, fille aînée de Paul-Emile de Braque, mort, comme nous avons dit, au Château-Vert ! Or ce Mis de Braque n'a pas été le dernier héritier mâle du nom que ses ancêtres avaient donné à l'une des rues de Paris ; rappelons que le colonel de Braque a concouru, sous la Restauration, à la fondation de l'établissement thermal d'Enghien (1). Paul-Emile de Braque, prénommé Paul-Benoît, gouverneur d'Auxerre, et successeur lui-même de son père François, décéda en 1691, avec la qualification de seigneur du Luat, de la Motte, de Saint-Brice, de Piscop et autres lieux. François de Braque, mari d'Elisabeth le Fèvre, avait pour homonyme son père, qui, après avoir épousé Marie Bouette, sœur de Robert Bouette, sieur de Blémur, avait convolé en secondes noces avec Madeleine Briçonnet. Béraud de Braque, curé de Piscop, n'était autre que le frère dudit François; il mit en sûreté au Luat les reliques de son prieuré de Sainte-Céline, pendant les guerres de religion, et notamment la châsse de sainte Céline, une compagne de sainte Geneviève, et la châsse de saint Barthélemy, qui furent rendues à Nicolas David, religieux de Marmoutier, le 20 octobre 1572, par Jean de Maubuisson, grand-prieur de Saint-Denis. Philippe de Braque, gouverneur et capitaine de Harfleur et de Montivilliers, époux d'une Stuart, était le père de Robert, échanson de la reine Catherine de Médicis, lequel partagea à Piscop avec Jeanne Fretel, sa femme, dame de Missy-sur-Yonne, un tombeau illustré de cette devise philosophique, bien convenable à un échanson : *Tunc satiabor*. Le conseiller Philippe de Braque et sa femme, Marguerite de Canlerz, dataient au château de la fin du XVe siècle. Bernard de Braque, chambellan du roi, payait 10 livres tournois à Jeanne la Gentienne, dame de Piscop, pour le relief du

(1) Les Braque portaient : D'azur à la gerbe de blé d'or, et pour devise : *In homine virtus oppressa resurget*. Ils écartelaient : D'azur à trois fleurs de lys d'or etc. Le Laboureur avait vu leurs armes au château du Luat. C'était une famille bourgeoise avant le règne de Philippe VI, qui lui avait conféré la noblesse en récompense de loyaux services.

Luat, le 22 novembre 1441. Jean de Braque, chevalier, avait soutenu le parti du roi d'Angleterre et habité Lille (1); pourtant l'hôtel du Luat avait été donné successivement par Henri VI à Albert de Rosen-Garden, à Wattequin Wales et à Adenet Tixerand, dit Chapelier, avant d'être rendu à ses seigneurs par le roi de France. Enfin, c'était une dame de Beaumarchais qui avait vendu, dans l'origine, à Arnoul Braque, la terre du Luat, mouvante en plein fief de la seigneurie de Piscop, alors à Roberge de Versailles, et en arrière-fief seulement de la baronnie de Montmorency, alors à Charles de Montmorency. Quelle était à la même époque l'importance du fief du Luat ? un manoir, des terres à l'entour, 76 arpens de bois, 19 chapons par an à recevoir, des grains *item*, justice et seigneurie.

Colin de Braque n'en reconnaissait pas moins au seigneur de Thieux, en l'an 1410, les 48 arpens de pré du fief des Champarts-du-Luat, sur les terroirs du Luat, de Poncel et des environs. Telle était la provenance partielle du bien que la M^{ise} de Foucault, l'ayant à sa disposition avant la mort du roi Louis XV, appelait *une partie des terres du Luat*. Blanchet de Braque avait tenu aussi, vers le commencement du xve siècle, un fief dit Bois-du-Luat, mais sur Eaubonne.

D'autres terres féodales, enclavées dans celles de la Maison-Rouge, du Château-Vert, de Poncel, du Luat et de Blémur, ont figuré moins fréquemment en des aveux et dénombrements : d'abord la *Cave-de-Piscop*, fief dont la dénomination, avant une altération, soit orale soit manuscrite, a pu être la *Cure-de-Piscop*; puis le *Clos-de-Rosny*, dont Henri de Rosny était propriétaire au xvie siè-

---

(1) Sauval. *Antiquités de Paris*, tome III, pages 325 et 584.

cle; puis encore *la Gentienne*, 42 arpens de bois au fond des Aulnes, et Jeanne la Gentienne, veuve d'Arnoul Boucher, pouvait tenir de Gentian, général des monnaies, son père, ce fief, reconnu par elle-même à Jacques de Montmorency, et annexé postérieurement à la seigneurie de Piscop.

Mais on suit Blémur d'âge en âge tout aussi bien que le Luat, d'après les notes que nous avons recueillies. L'écuyer Adam de Blémur et sa femme Isabeau avaient, entre Piscop et Domont, la seigneurie dont ils portaient le nom, en l'année 1239. Puis les Braque s'en rendirent propriétaires. Reconnaissance pour un quart de ce fief fut passée, en l'an 1507, par Simon Lébègue, tuteur des enfants de D[lle] Courtignon, veuve d'Arthus de Braque, à Arnoul Hesselin et Pierre Boucher, tous les deux seigneurs de Piscop. Un demi-siècle après, le tenancier de Blémur était Pierre de Braque : en sa faveur, une charte de Charles IX fonda un marché et une foire, dont profitèrent les seigneurs subséquents. L'un de ceux-ci, Robert Bouette, conseiller au parlement de Paris, obtint de faire célébrer la messe en son château; vint après lui Eustache Bouette, gentilhomme de la maison du roi, et l'une de ses parentes mourut bénédictine en 1696, après avoir publié des ouvrages de piété sous le nom de Mme de Blémur. A la fin du siècle XVII, Madeleine Gédoyn, épouse de Jean Bouette, fonda par testament une chapellenie dans l'église de Piscop, à la charge pour le titulaire de venir officier au château chaque fois qu'il en serait requis, les jours de fête exceptés; le cardinal de Noailles approuva l'intention et l'acte; mais Julienne Talon, seconde femme survivant au même époux, réduisit cette fondation. Le fils posthume de Jean Bouette, né au milieu du siècle, se disait M. de Blémur, Cte de Bouette, chevalier, seigneur territorial, moyen et bas-justicier et foncier de la seigneurie de Blémur, du fief Charles-de-Montmorency et autres lieux ; il avait perdu de très-bonne heure ses frères et sœurs ; il était chevau-léger de la garde ordinaire du roi et son écuyer de main. M. Coulon, ancien commissaire aux saisies réelles et ancien secrétaire du roi, achetait, le 30 juillet 1791, du ci-devant comte, la ferme et le château de Blémur, qui tenaient l'un à l'autre. Le château fut rebâti par ce propriétaire, qui établit près de là une filature et devint maire de Piscop. L'aspect de cette habitation est encore seigneurial ; elle regarde, à travers son parc, face à face le château d'Ecouen, qui ne paraît pas plus élevé, et ce n'est pas la seule vue magnifique dont on jouisse de cette propriété, si avantageusement située. M. Bouchon, successeur de Coulon, a racheté les anciens bois du Château-Vert et de la Maison-Rouge ; aussi y retrouve-t-on une allée dite de Vareuil et une autre allée dite de Braque. Longtemps maire, longtemps membre du conseil-général, M. Bouchon a été remplacé immédiatement par son fermier à la mairie. Mme Bouchon, veuve depuis cinq années, occupe encore le château de Blémur.

DOMONT

DOMONT

Vers l'an 1108, Radulphe le Bel et Livia, sa femme, donnent à Thibaud, prieur de Saint-Martin-des-Champs, et à ses religieux, l'église de Domont, au titre de Notre-Dame. Les martinians y établissent un prieuré, sous la dépendance du leur, pour sept religieux, y compris le prieur, jouissant à Domont de la dîme de vin et de la moitié de celle des légumes. Dans une paroisse rurale jamais la dîme ne vaut le baise-main d'un des curés de Paris ; mais celle du vin surtout doit être d'une importance bien secondaire, voire même au XIIe siècle, dans une localité tellement tournée au nord que le raisin n'y mûrit plus de nos jours. Henri de Joigny, chevalier, n'en acquiert que plus à propos du Ch[er] Matthieu de Roissy plusieurs arpens de terre, pour les donner au prieuré, avec l'agrément de Burchard. Les libéralités d'Adam de Villiers, de sa femme Idonéa et de leurs deux fils, valant aux religieux 6 muids de grains par an sur la grange de Domont, certains deniers payables dans le village à chaque fête de l'Assomption, le bois de Champ-Mainard, en échange du bois de Remollée, et un étang, sont pareillement approuvées, en 1190, par un sire de Montmorency ; mais cette fois il lui en coûte, pour ajouter l'agréable à l'utile, la rente de 2 muids de vin à prendre dans ses pressoirs. Pour le même Adam et la même Idonéa, il est fondé par leur famille des prières, au moyen d'un petit legs, confirmé par Matthieu en 1214, et puis une chapellenie de Saint-Jacques, également dans l'église du lieu, avec 40 livres de rente.

La munificence de la piété est étendue, vers le même temps, aux monastères des alentours, par Adam de Domont et sa femme Élisabeth, par Jean de Villiers et sa femme Pernelle de Chaumont; mais en l'église même de Domont l'année 1204 voit inhumer, près la chaire du prieur, Philippe de Domont, seigneur de Villiers-le-Bel. Son successeur, Adam, trouve place un peu plus loin, et c'est postérieurement que l'on enterre un autre Adam au-dessous des cloches du prieuré. Ce monastère, en 1221, est gratifié de la terre de Manine par Hervé de Munceod. Un siècle plus tard, il ne s'agit pas moins que d'un fief situé à Versailles, pour lequel un particulier vient de si loin rendre foi et hommage au sire de Domont Jean de Villiers. Un chevalier du même nom et sa femme Jeanne, une dizaine d'années après, acquièrent du nommé Dide de Boude 1 arpent 1/2 de pré à Domont.

L'obscurité de ce lopin de terre, ah ! comme elle contraste avec l'éclat futur de la résidence royale dont le terrain relève à cette époque de la seigneurie du village ! Toutefois il y a un séjour quasi-royal en cette campagne modeste. Le dauphin Jean, fils de Philippe de Valois, signe des chartes à Domont, l'an 1338. Le manoir où les parchemins du futur roi Jean II reçoivent le sceau, qui sait s'il ne s'élève pas à cette place qui gardera toujours le nom de la *Chancellerie ?* En ce temps-là un hôtel de Domont est situé à Paris sur la paroisse Saint-Paul, et nous y voyons, nous, la maison de ville du prieuré, plutôt que celle de la seigneurie.

Pierre Robe et Anceau de Villiers, seigneurs de l'endroit, sont maintenus dans le droit de justice par une transaction passée avec le Bon de Montmorency le 18 mars 1355. Audit terroir, sous le règne de Charles V, sont assis des domaines, revenus, fiefs ou arrière-fiefs pour Charles de Montmorency, *à cause de sa Ville et Chastellenie de Montmorency*. Peu s'en faut que 2,000 arpens, en la forêt, n'appartiennent à ce même sire; pourtant le seigneur de Domont y est propriétaire du bois Thibaut, entre autres bois. Pierre de Villiers, chevalier, en achète trois pièces sous le même règne, dont une de son cousin Ancel de Villiers. N'est-ce pas en ce temps-là qu'on inhume près du chœur, dans l'église de Domont, Jeanne de Beauvais, dame de Marcy, femme de Pierre, seigneur de Villiers?

Pernelle de Villiers, veuve d'Antoine de Billy, est dame de Mauregard et de Domont en l'année 1415. Jean de Villiers, dit Baudrin, lui succède. Jean de Billy précède ensuite Jeanne de Billy, unie en premier lit avec Charles de Champluisant, en second avec Jean de Soussonnes. Cépoy et Domont appartiennent en 1464 aux enfants mineurs de Jeanne Ratault, veuve de Charles de Montmorency.

La famille de Braque, quoique plus marquante à Piscop, était déjà propriétaire à Domont avant la mort de Philippe de Valois. Le 23 septembre 1480, noble homme Germain Braque, bourgeois de Paris, augmente ses biens de 4 arpens à Poncel, chargés de cens au profit du seigneur de Cépoy. Or Philippe d'Aulnay payait, onze ans auparavant, un relief à Jean de Montmorency pour Cépoy, dont le seigneur avait haute-justice sur Marcouville, au bailliage de Gisors.

A la suite d'un partage de famille fait avec Antoine de Champluisant, du temps de Charles VIII, le fief Baudrin, dit aussi de Villiers, échoit à Pierre de la Fontaine et à Marie de Champluisant, son épouse. Lebreton, seigneur de Villiers-le-Bel, n'en rend pas moins ses devoirs à Antoine de Champluisant, en raison du fief de Manine, et Antoine au Bon de Montmorency.

Un notaire de Paris, Robert Piédefer de nom, se donne en 1517 la terre féodale de la Rue, au même terroir, et puis deux petites maisons du voisinage, avec cours et jardins. Sa famille, originaire du Beauvoisis, n'a-t-elle pas déjà vu sortir de son sein un président au parlement de Paris, avant de s'allier à celle de Braque ? A l'un de ses membres appartient la seigneurie de Guyencourt. Michel Piédefer, avocat du roi au Châtelet, donne, quelque temps après, à tout ou partie de ses biens sur Domont et sur Moisselles son nom, et je vous prie de croire que s'il était de petite noblesse, les quartiers n'en suffiraient pas à faire entrer plus tard Charlotte Piédefer à Saint-Cyr. Du vivant de Michel, les deux frères François et Arthus de Champluisant, écuyers, disposent l'un de Domont, et l'autre de Manine. Puis vient Antoine de Champluisant, seigneur aussi de Monsoult, et l'un des cent gentilshommes de la maison royale, et il ne fait que passer, une fois mort, du château à l'église, lieu de sa sépulture. Le fief de Chenost, qui mesure 9 arpens sur le territoire du village, dans la direction de Bouffémont, est reconnu par Du Lux, marchand bourgeois de Paris, au duc et connétable Anne de Montmorency, et c'est devant l'*hôtel du haut*, désignation alors donnée au château de Domont, que s'incline dans la forme accoutumée l'*hôtel du bas*, échu à Anne de la Fontaine, veuve de Philippe de Culant, laquelle afferme la terre de Baudrin-Villiers à François Besse.

Philippe de Gaillardbois, sieur de Marcouville, et Louis de la Fontaine, sieur de Cormeilles, sont conjointement seigneurs de Domont et de Manine, du chef de leurs femmes, Charlotte et Marie de Champluisant, sous le règne de Henri III. A l'occasion de leur double mariage, des droits de fief ont été payés à Madeleine de Savoie, D^{sse} de Montmorency. Le fief du Prieuré-de-Domont est alors dans la mouvance de Louis Séguier, nommé prieur cinq ans après l'enterrement à Notre-Dame de Paris du prieur Germain Vialart, son devancier, conseiller au parlement et trésorier de la Sainte-Chapelle. Lorsqu'enfin l'hôtel seigneurial de Baudrin-Villiers est vendu à Philippe de Gaillardbois par Mlle Marie de Durant, dame en partie de Domont, et par son frère Odot de Durant, écuyer, seigneur de Thury, c'en est fait du xvie siècle : un autre commence!

Mais quelle est cette famille qui paraît s'installer trop bien dans le pays pour ne pas y faire souche ? L'un des aïeux de Gaillardbois a reçu de Henri V, roi d'Angleterre, des biens confisqués sur Amon de Falaise et Nicole de la Motte, sa femme; un autre a épousé la fille aînée de Pierre de Poissy, dans l'une des premières années du siècle xive. Aussi bien les Gaillardbois donnent plusieurs générations de seigneurs à Marcouville, Domont, Manine, Cépoy et autres lieux. Martin Leblanc est leur fermier de 1654 à 1674 ; David Pourdet, laboureur, lui succède. Les maîtres n'en sont que plus libres d'aller et venir. Précisément Domont ne l'emporte pas sur Marcouville, comme résidence ordinaire de Charles de Gaillardbois, chevalier. Louis suit, et puis son fils Henri, guidon de gendarmerie, dont la demeure à Paris est quai Bourbon. Cependant que devient Piédefer, dont nous avons laissé l'empreinte à Moisselles et à Domont? Dame Claude Lemoine, veuve de Corbinelli, conseiller et maître-d'hôtel du roi, l'a donné en 1658 à son neveu Charles de la Salle, sous réserve de jouissance viagère pour elle-même, mais sans restriction quant au nom et aux armes de Piédefer, inhérents à la donation (1). Réné de la Salle, seigneur de Monsoult, Moisselles, etc., vend, avant la fin du même siècle, au sieur Coucicault, une vieille maison qui a servi de chef-lieu au fief de la Rue-Piédefer. Malgré cette aliénation, il restera encore, sous Louis XV, à M. Adrien-Nicolas de la Salle et à sa femme, née Gobelin d'Osmont, de quoi se dire seigneur et dame de Piédefer.

Que si un Gaillarbois a été tenancier de la seigneurie de Domont, avant même qu'elle n'ait passé aux Condés en arrière-fief, après confiscation sur Henri II de Montmorency, les Braque, de leur côté, tiennent bon : leur fief local appartient encore en 1739 à l'un des leurs, M. de Braque, gouverneur d'Auxerre. D'autres propriétaires contemporains sont sur la même paroisse : M. Sainte-Beuve, receveur du seigneur de Baillet ; M. des Bruyères, M. François Mérimée, tabellion de Domont ; les mathurins d'Enghien-Montmorency, la fabrique de Moisselles, Louis Meslin, M. de la Suze, le sieur Roland, M. d'Ombreval, conseiller au parlement ; M. Roinet, André Lebel (maison et jardin tenant au ruisseau de Poncel), Letailleur, le sieur Genty, Lesage et Gillet, sans compter ceux déjà nommés et d'autres encore.

Extrait du répertoire des actes du greffe de la prévosté de Domont :

1750. — Foi et hommage du fief de Domont et du fief extérieur le Champ-de-Domont, rendu par le Cte de Vienne au prieur du prieuré de Notre-Dame-de-Domont.

(1) Armes : échiqueté d'or et d'azur.

1768, le 5 août. — Réception de Jean-Charles Fosse, huissier en la prévôté de Domont (déjà reçu garde-chasse de la terre et seigneurie de Domont), en tant que garde du fief d'Ombreval, sis audit lieu. Il est pourvu de cette commission par D^{lle} Thérèse-Geneviève Ravot d'Ombreval, veuve de Honoré-Charles de Bussy, chevalier, seigneur de Long et autres lieux.

Même année, le 26 septembre. — Réception de Jean-Baptiste Sédillot comme procureur postulant en la prévosté de Domont, et information de ses vie et mœurs.

Même année, le 24 octobre. — Réception de Jacques Bridault en la même qualité.

1772, le 10 juin. — Descente de justice à l'occasion de Jean-Charles Fosse, trouvé mort au pied d'un arbre du canton d'Ombreval.

1774, le 22 décembre. — Réception de Charles Fosse, en tant que garde-chasse du fief d'Ombreval.

1776, les 26 et 27 janvier. — Procédure à la requête du procureur-fiscal, au sujet de Guillaume Boucher, maître-d'école de Chauvry, trouvé mort dans la forêt de Montmorency, sur la route dite du Faîte, au carrefour et territoire de Domont.

1782, le 5 avril. — Dépôt de pièces relatives à l'état de l'église et du clocher du prieuré, qui menacent ruine totale, à l'occasion de blessures que viennent de faire, à plusieurs, des pierres et platras qui en tombaient.

1787, le 15 mai. — Réception de Pierre-Honoré Jolly en qualité de maître-d'école et arpenteur-juré de la prévosté de Domont.

Les terres et seigneuries de Domont, Manine, Cépoy et autres lieux ont été vendues par Henri de Gaillarbois, le 26 février 1771, à la C^{sse} de la Massais, moyennant 200,000 francs. Le contrat, en les disant situées dans la Vallée de Montmorency, allait peut-être un peu loin ; mais nous ne demandons pas mieux que les notaires y aient passé, pour en dire autant qu'eux. L'objet de la vente était : la maison seigneuriale de Domont, servant aussi de chef-lieu aux fiefs réunis à la principale terre ; la ferme et les bâtiments qui en dépendaient ; les droits de haute, moyenne et basse-justice, et les droits honorifiques ; plus 200 arpens de terre labourable et 60 de pré, en partie plantés d'arbres fruitiers ; un clos de haies vives ; quelques rentes, quelques redevances en nature, et généralement tous les droits qui pouvaient appartenir à ladite terre, dîmes, terrages, champarts, cens et rentes, corvées, voieries, mouvances, droits de juridiction et droits honorifiques *de lettres et de nomination aux prières*, tels qu'ils pouvaient être dus.

La bienvenue avait été souhaitée à cette dame ; mais les compliments des gens de la prévoté lui avaient-ils paru un régal plus succulent que l'acte de foi et d'hommage ci-dessous transcrit ?

Aujourd'hui mardy, 1er octobre de l'an 1771, du matin, en la compagnie et assisté des conseillers du Roy notaires au Châtelet de Paris, soussignés, Me Charles-Louis Gillet, avocat en Parlement, demeurant à Paris rue des Noyers, paroisse Saint-Etienne-du-Mont, s'est transporté en l'hotel de haute et puissante Dame Anne-Catherine Douet, Csse de la Massais, Dame de Dosmont, Magnines, Sépoix et autres lieux, veuve de haut et puissant Seigneur Henry-Gabriel Amproux, Cte de la Massais, maréchal des camps et armées du Roy, scis à Paris rue de Gaillon, paroisse Saint-Roch, où étant et parlant à la personne de maditte Dame, il la supplie de vouloir bien le recevoir à luy faire et porter les foy et hommage et serment de fidélité qu'il luy doit pour raison de l'acquisition par luy faitte suivant contrat passé devant Me Lhomme, l'un des Notaires soussignés, qui en a minutte, le 14 septembre présente année, de Messire Adrien-Nicolas Delassalle, Seigneur des Carrières, Pied-de-fer et autres lieux, Cte d'Ossemont près Compiègne, ancien capitaine des Dragons, du fief terre et seigneurie de Pied-de-fer, assis en la paroisse de Dosmont, avec toutes les appartenances et dépendances dudit fief, et généralement de tous les biens et héritages qui appartenoient audit sieur Delassalle dans la paroisse de Dosmont et environs, tant en fief que roture, ainsi qu'il est exprimé audit contrat; dans laquelle dépendance de ladite vente se trouvent compris, sous la généralité d'icelle, un autre fief situé au même terroir de Dosmont, lieu dit le Pré-de-Genichalotte ou le Poirier-Pisseux, contenant 11 quartiers, et faisant partie de 7 arpens dont ledit fief étoit anciennement composé, le surplus étant actuellement tenu à cens de laditte seigneurie de Sépoix.

Lesquels fiefs de Pied-de-fer et du Poirier-Pisseux relèvent en plein fief foy et hommage de maditte Dame Comtesse de la Massais, à cause de la seigneurie de Sépoix, qu'elle a acquise avec les terres et seigneuries de Dosmont et Magnines, le tout situé Vallée Montmorency, près Saint-Brice, de Messire Henri de Gaillarbois, chevalier de Saint-Louis, seigneur de Marcouville et desdites terres, suivant contrat passé devant Me Lhomme, l'un des Notaires soussignés, qui en a minutte, le 26 février dernier.

Ce qui ayant été accepté par maditte Dame Comtesse de la Massais, ledit Me Gillet s'est mis en devoir de vassal selon la coutume, a fait et porté à maditte Dame les foy et hommage et serment de fidélité qu'il luy doit et est tenu de luy faire et porter à cause desdits fiefs et dépendances, à laquelle foy et hommage maditte Dame a reçu et reçoit par ces présentes ledit Me Gillet, ayant bien voulu le dispenser d'aller sur les lieux pour cette fois seulement, et sans tirer à conséquence pour l'avenir, à la charge de fournir l'aveu et dénombrement dans le temps de la coutume.

Dont acte requis et octroyé, fait et passé à Paris en l'hôtel de maditte Dame, ledit jour 1er octobre 1771, avait midy. Maditte Dame a signé avec ledit Me Gillet et les Notaires la minutte des présentes, demeurée audit Me Lhomme, l'un des Notaires soussignés.

Si Mme de la Massais n'avait pas été sensible à de tels

hommages, quelle autre friandise aurait-elle satisfaite en multipliant tant ses acquisitions à Domont et aux environs ? De Piédefer et la Rue elle n'a fait qu'une bouchée, dès le 13 octobre 1772. Ce fief consistait alors en une ferme, 109 arpens de terre, deux petits jardins appelés le Frêne, *etc.*, le tout pris à bail par le laboureur Tiphaine. Pareillement à la dame de Domont appartiennent : Baudrin-de-Villiers, Chenost, le fief de l'Isle, celui des Coutures, qui se partage entre Cépoy et Sarcelles, ainsi qu'une maison à grand jardin, dans laquelle l'ont précédée M. de Boisgiroult, mestre-de-camp de cavalerie, M. Caillot, père du comédien de ce nom, et M. de Châtillon, garde-du-corps. Le seigneur de Blémur se met lui-même en devoir de vassal, pour quelques terres, devant Mme de la Massais. Que sera-ce quand nous allons la suivre jusqu'à Chauvry? En 1786, elle prend pour locataire, au château de Domont, la femme séparée de biens de M. Claude de Saint-Denis, ancien grand-maître des eaux et forêts.

Le prieuré, malgré son fief, a vu décroître ses ressources ; la réduction de ses religieux au nombre de six n'a pas suffi à mettre l'aisance dans la communauté. Le prieuré est au midi de l'église, dite alors Sainte-Marie-Madeleine et entourée d'une galerie. Le vitrage de la nef date de François Ier. De l'autre côté du portail, à l'opposite du prieuré, doit se trouver le siége féodal. Hélas! le pitoyable état de l'église et du clocher annonçait l'écroulement dès l'année 1779. Toutefois la seule restauration complète n'embrasse que le presbytère en 1784, et elle est faite par Morisset. L'abbé de Saint-Albin, dernier prieur, succède à M. de Breteuil.

En 1791, le 30 janvier, serment est prêté par le citoyen curé de veiller sur les fidèles de la paroisse au nom de l'Eglise, en gardant fidélité à la Nation, à la loi et au roi ; en ces termes l'abbé Sandrié ne prend, après tout, l'engagement que de maintenir ce qui ne porte atteinte ni à la doctrine de Jésus-Christ conservée par l'Eglise, ni à la Constitution décrétée par l'Assemblée nationale et acceptée par le roi. Le vicaire Fuzellier, aumônier de la garde nationale de Domont, se met encore plus à l'aise : — Je ne séparerai pas, dit-il, trois qualités qui sont en moi : chrétien, prêtre en fonctions publiques et citoyen, du serment que l'on me demande, et je vais l'étendre à ces qualités inséparables, pour donner une preuve certaine de sa sincérité. Comme chrétien, je parle avant tout, et jure de professer toujours la religion catholique, apostolique et romaine ; comme prêtre fonctionnaire public, je jure de remplir mes fonctions avec exactitude, de ne pas vous annoncer d'autre doctrine que celle de Jésus-Christ, enseignée par l'Eglise ; enfin, comme citoyen, je jure d'être fidèle à la Nation, à la loi et au roi, et de maintenir de tout mon pouvoir la Constitution. Bientôt, sur la prière des paroissiens qui tiennent le plus à ne s'en pas séparer, le curé Sandrié prête le serment civique sans restriction ; mais il rétracte ce nouvel engagement dès le 15 mai 1791, pour mettre sa conscience en paix, et c'est donner sa démission. Quant au vicaire, comme il a persisté dans la formule de son choix, il a vu l'administrateur du district de Gonesse lui refuser les 150 livres attribuées à son traitement depuis 1785. Remarquons pourtant que des gens de Domont sont encore condamnés à l'amende les 8 et 11 décembre 1791 et le 6 janvier 1792, pour avoir travaillé publiquement le dimanche.

La Réveillère-Lépaulx a sa maison des champs sur le territoire de la commune, alors qu'il n'est encore que l'ami de Robespierre, combattant avec lui la réélection des constituants, puis déposant le même vote pour la mort de Louis XVI sans appel ni sursis. A la campagne il botanise, il fait de la propagande théophilantropique, et on devine en lui le girondin, avant qu'il ait rien rabattu ouvertement de son jacobinisme; mais bien des déceptions et des périls l'attendent, avant même qu'il prenne place au Directoire.

Les semences que ce chef de secte philosophique a jetées dans le pays fructifient-elles? Toujours est-il que l'abbé Tache, successeur de Sandrié, finira lui-même par jeter le manche après la cognée. Il a juré, le 14 octobre 1792, d'être fidèle à la Nation en prêtant main-forte à la liberté et à l'égalité, ou de mourir à son poste, et ne voilà-t-il pas qu'on l'a élu officier municipal en l'an I, pendant que le citoyen Renauld remplissait les fonctions de maire! De son église, dont les biens sont vendus, dont les pierres tombent d'elles-mêmes, les fidèles s'éloignent d'autant plus qu'ils ne s'y croiraient pas en sûreté; mais la patrie aussi est en danger, et Pierre-Joseph Tache bon citoyen. Il engage donc vivement, le 5 frimaire an II, tous les habitants de Domont à faire hommage des matières d'or et d'argent à la République, en donnant, pour prêcher l'exemple, jusqu'au calice du maître-autel, jusqu'à la grille, probablement dorée, du jardin de la ci-devant C^{sse} de La Massais. L'occasion lui paraissant bonne, Tache se déclare en même temps tout prêt à déposer ses fonctions ecclésiastiques, si la commune renonce à la religion catholique; mais le conseil municipal le requiert avec instances de reprendre ses lettres de prêtrise et de cure. C'est en qualité d'officier municipal qu'il promulgue, trois mois après, la loi qui défend de porter le costume ecclésiastique hors des églises, et la loi qui ordonne que l'inhumation des morts ait toujours lieu sans cérémonie religieuse. Aussitôt après il ajoute, en qualité d'ecclésiastique : — Je déclare donner ma démission de curé et renoncer à toutes fonctions du culte catholique. Je déclare, en outre, que dans le désir où je suis de subvenir, autant qu'il est en mon pouvoir, aux besoins de la République, j'abandonne pour les frais de la guerre la pension de 800 fr. qui me revient après ma démission, en vertu d'un décret de la Convention... Le ci-devant curé résignait pareillement, vingt-cinq jours plus tard, ses fonctions municipales, en remettant au maire les registres de l'état-civil, et il se décidait à quitter le pays, parce que le conseil demandait ce jour-là des secours pour élever un temple à la Raison.

Le 17 messidor an III, l'ancien vicaire Fuzellier déclare légalement dans la commune qu'il se propose d'exercer le ministère d'un culte connu sous la dénomination de catholique, apostolique et romain ; l'année suivante, il reconnaît que l'universalité des citoyens français est le souverain, et il promet soumission et obéissance aux lois de la République. On dit donc la messe à Domont.

Mais le rétablissement complet du culte catholique n'est célébré que le 15 août 1806, avec la fête de l'empereur : une grange sert de nef à l'église, et l'abbé Cailleté, curé, officie.

L'ancienne chancellerie du château (et elle pourrait même remonter à l'époque où le prince Jean signait des chartes à Domont), est devenue une propriété particulière, laquelle appartenait à M. Gillet de Laumond sous la Restauration. Cette maison de campagne, des mieux situées, s'appelle encore la *Chancellerie*. Le château est occupé à la même époque par le général Saint-Laurent, à qui Mme de La Massais l'a légué. Toutefois, pendant l'émigration, les nombreux titres de propriété de la comtesse ont été pris révolutionnairement, soit dans un de ses châteaux, soit dans son hôtel à Paris, entre la rue Neuve-Saint-Augustin et le boulevard. Nous avons vu un Gillet à Piédefer ; en voici un à la Chancellerie : étaient-ils de la même famille ? Et M. de Laumond, que nous aurions pu voir à Ombreval, était-il un Gillet de Laumond ?

Jussieu donna, dit-on, à son ami, M. de Laumond, un cèdre du Liban, qu'il avait rapporté en même temps que celui du Jardin-des-Plantes. Un beau cèdre fait face, en effet, à la propriété de M. Lamotte, qui tient la place du château d'Ombreval, au hameau de Manine. Ce château communiquait avec celui de Pygal, dont l'emplacement est planté de peupliers qu'on aperçoit sans peine de chez M. Lamotte, sur la route n° 38, qui va de Sannois à Moisselles.

Le 16 mai 1847, M. Contat-Desfontaine, propriétaire de la Chancellerie et maire de Domont, présidait par une fête d'inauguration à la mise en communication de la commune avec le chemin de fer du Nord par un service régulier de voiture, et une croix commémorative était plantée en forêt, au carrefour des Quatre-Chênes, route d'Ermont. Une souscription ouverte depuis dix ans était insuffisante pour la restauration de l'église, lorsqu'un pivot de la cloche se détacha le 4 avril 1847, jour de Pâques, pendant qu'on sonnait la résurrection. A cet avertissement d'en-haut on ne resta pas sourd, car le vieil édifice fut réparé par une reconstruction dont on posa la première pierre le 3 septembre 1850. La cloche nouvelle, bénite la même année, sous le nom de Louise-Joséphine-Augustine, par le curé d'Ecouen, avait pour marraine Mme Desfontaine, et pour parrain M. Bouchon de Blémur. M. le maire était alors juge-consulaire et directeur du théâtre du Palais-Royal, après avoir joué la comédie sous le nom de Dormeuil au Gymnase, où sa femme avait pris elle-même le nom d'Esther pour remplir les rôles d'ingénue avec une gracieuse décence, que relevaient encore les charmes d'une jolie voix. Aussi ne fûmes-nous pas trop étonné de retrouver un jour, dans le chœur de l'église, un siége d'honneur de notre connaissance, réservé au sous-préfet pour une cérémonie qui avait lieu le lendemain : ce grand fauteuil avait souvent servi à Grassot, Derval et Lhéritier, sur la scène du Palais-Royal. Moins heureux devant la tombe d'un prieur de Domont, nous n'avons pu y lire, y écrire aucun nom.

MM. Brincard occupent le château présentement, et ils sont grands propriétaires dans la forêt de Montmorency, en lieu et place de leur grand-oncle M. Salins.

MM. Sigismond et Justin Glandaz n'ont pas moins de gardes-forestiers : le premier a fait reconstruire sa maison, qui est près de l'église, et le second remplace Dormeuil à la Chancellerie. M. Guérin, maire actuel, est ancien avoué et gendre Glandaz. Tous les membres de cette famille sont ou ont été du palais. Mais suffit-il d'y remplir des fonctions pour réussir aussi bien qu'eux ? Dans ce cas-là les plaideurs, pour se refaire, endosseraient la robe de l'avoué ou du juge, et ils en auraient grand besoin.

Enfin, n'est-ce pas le fief du Prieuré, ou n'est-ce pas le prieuré lui-même qui a laissé sa dénomination à une propriété remarquable par sa grande porte ? Si vous interrogiez sur cette maison les 1,100 habitants de Domont, canton d'Ecouen, ils se borneraient tous à répondre : — C'est le prieuré !

BOUFFÉMONT

BOUFFÉMONT

« La roue, devant un bouffement ventueux, tourne de haut en bas. » Ainsi s'exprime Jehan d'Authon, chroniqueur du temps de Louis XII (1). La signification de *souffle violent* inhérait au vieux mot *bouffement*, avec lequel nous frappe l'analogie du nom de *Bouffémont*. Malgré ce rapport, on a jusqu'à présent admis une tout autre version étymologique en ce qui regarde le village.

Ce village, dit-on, doit les deux tiers de son nom à la famille Bouffé, qui lui donna d'abord plusieurs seigneurs. Il est pourtant possible que l'emprunt ait eu lieu en sens inverse, comme à Montmorency pour les Montmorencys.

Bouffémont s'appela aussi Valenciennes-sous-Forêt; cela pouvait être à cause des dentelles que les femmes y fabriquaient à la façon de Valenciennes. Les doigts de leurs arrière-petites-filles n'ont pas encore cessé d'entre-croiser les mailles fines et régulières d'un tissu à jour du même genre.

Hugues, dit Tirel, donna la terre aux religieux de Saint-

(1) *Annales de Louis XII*, page 82.

Martin-des-Champs, sous le bon plaisir de sa femme, de son fils Gautier, du Cte Dulphe et d'Étienne, évêque de Paris; mais il réserva, en faveur des habitants de Bouffémont, le droit de faire du bois dans la forêt pour leur usage, et ce droit ne fut méconnu que sous les Condés, ducs d'Enghien, malgré l'offre d'une redevance pour le retenir. Dans le dénombrement des arrière-fiefs de la seigneurie de Montmorency, fait en l'an 1368, figurait Bouffémont, et, aujourd'hui encore, le bois Thibaud, qui dépend de cette commune, du côté du château de la Chasse, reconnaît pour parrain Thibaud de Montmorency. Toutefois le bois de Rémollée avait été cédé vers la fin du XIIe siècle par les prieur et religieux de Domont à Adam de Villiers, seigneur dudit Domont, et il y avait un fief Rémollée sur la paroisse de Bouffémont, bien qu'en forêt, avec justice haute, moyenne et basse. Comme il relevait en plein fief du prieuré martinian, ne vous semble-t-il pas qu'il n'ait fait qu'un avec la seigneurie locale? Son revenu s'éleva, sous Louis XIV, à la somme de 4,600 livres.

Le prieuré du Bois-Saint-Père et la maison de Sainte-Radegonde, encore plus avant dans les bois, étaient en Rémollée. Matthieu de Montmorency avait fondé et doté le prieuré, en 1214, conformément aux dernières volontés de sa parente, dame Richilde de Groslay. Une petite maison de sœurs dépendant de l'abbaye de Chelles s'était mise, entre le prieuré et le village, sous l'invocation de la reine sainte Radegonde. Pour deux couvents au petit pied, quelle audace de s'établir au milieu des bois! Malheur ne devait-il pas leur en arriver tôt ou tard? Aussi ne fallut-il, pour les prendre, que peu de temps à 300 Anglais, le 29 avril 1429; mais avant de sortir chargés de butin, ils furent assiégés au Bois-Saint-Père par un détachement d'Armagnacs, qui firent main-basse sur la même prise de guerre.

Trente années ne se passèrent pas sans que la chapelle de Sainte-Radegonde fût réparée par ordre du B⁰ⁿ Jean de Montmorency, qui se ménagea près de là, au lieu dit Chasse-Momay, un pied-à-terre seigneurial, le château de la Chasse. Aussi bien la ruelle du couvent reliait Sainte-Radegonde au village, qui avait son cimetière près de la chapelle, et qui ne fut autorisé qu'en 1727 à enterrer les siens près de son église.

Que si le prieuré du Bois et la succursale de l'abbaye de Chelles étaient sur la paroisse de Bouffémont, Montlignon maintenant embrasse presque entièrement leur ancien territoire. Le château de la Chasse, bien que plus fidèle à l'ancienne circonscription, faisait tellement groupe à part avec les deux maisons conventuelles que leurs souvenirs paraissent inséparables. Nous reparlerons donc plus longuement de tous trois dans la notice de Saint-Prix et surtout dans celle de Montlignon.

Emery de Lessart, bourgeois de Paris, était propriétaire à Bouffémont-en-France, du temps de Charles V. Dès lors on ne disait pas moins : Chauvry-en-France, Béthemont-en-France, Domont-en-France, et la même désinence s'appliquait à quelques autres villages également séparés de la Vallée de Montmorency, proprement dite, par la haute forêt du même nom. Mais on a confondu le pourtour avec la Vallée si souvent, que Montlignon paraît en notre siècle aussi français que Bouffémont, bien que ce dernier ne fasse pas partie du canton de Montmorency.

M. de Lionne, prieur commendataire de Saint-Martin-des-Champs, donnait la terre seigneuriale par emphytéose à M. Rigaud, vers la fin du xviie siècle. Ce Jean-

Paul Rigaud, seigneur de Bouffémont, habitait à Paris la rue Comtesse-d'Artois, ajoutée ensuite à la rue Montorgueil. Sa veuve, sœur de M. Breffort, bourgeois de Paris, se remaria avec M. Parent; elle portait le titre de dame de Bouffémont, et l'une de ses deux filles, puis l'autre, lui succédèrent comme telles.

L'ancienne maison seigneuriale de l'endroit s'élevait auprès de la fontaine des Prêtres, qu'il ne faudrait pas prendre pour la fontaine des Fièvres. L'eau de celle-ci, (et pour la voir couler il faut qu'on prenne la direction de Chauvry) passe pour avoir eu de grandes vertus fébrifuges.

Ce n'est pas que le château ait beaucoup changé de place, alors que Giraud l'a rebâti. Un ancien fournisseur des armées, M. Vallée, a laissé à son fils, maire de la commune, cette propriété dont on vante à si juste titre les belles plantations, les eaux vives et la vue des plus étendues.

Dédiée à saint Georges, la rustique église du pays fut reconstruite à une époque moins moderne. On y voit une bonne copie du Christ de Van Dyck, par Desmoulins, et elle est due à Mme Giraudeau, dont la villa confine au château de son frère, M. Vallée. Le Dr Giraudeau, dont cette dame est la veuve, donnait en ville de grands bals, dont elle faisait bien les honneurs.

Juret, dit Préval au théâtre, avait joué au Gymnase-Dramatique et au Palais-Royal les financiers ; c'est vers le milieu du règne de Louis-Philippe qu'il se retira à Bouffémont. Un autre acteur, nommé Legrand, qui avait rempli avec succès plus d'un rôle, comme celui de Danières dans le *Sourd,* vint mourir prématurément chez son ami Préval.

Un autre encore, et celui-là s'était fait un plus grand

nom dans cinq ou six théâtres de Paris, le gros Bernard-Léon, comique dont l'âge toutefois diminuait l'embonpoint, a passé les dernières années de sa vie en ce village. Il y occupait encore avec son fils, peintre de paysages, la maison Landon en 1856.

Une anecdote peu connue se rapporte à l'époque où commençait la réputation de la toute jeune Léontine Fay, sous les auspices de Bernard-Léon. Eugène Scribe avait prié cet auteur de jouer, pendant les trois premières représentations, le rôle du notaire Guichard, dans la *Petite sœur*, vaudeville composé pour l'enfant prodige. Gonthier était fort étonné que son camarade répétât un pareil bout de rôle sans élever la moindre objection ; mais quand Bernard-Léon entra en scène, à la dernière répétition, il bégayait, il bégayait ! — Est-ce une charge? lui demanda l'auteur. — Oui, dit l'acteur, c'est une charge de notaire : j'allonge mes 40 lignes, pour en faire 80. Il me manque un couplet au public, voulez-vous le faire ? — Pour le bégayer ? — Oui,.... Mon...sieur. — Je m'en garderai bien. Faites-le vous-même, puisque vous vous trouvez si fort.... Ce lambeau d'autorisation arraché à Scribe suffit au bègue pour lui donner de la verve ; M. Coupart, au ministère, lui visa au dernier moment un petit couplet de sa façon. Le célèbre vaudevilliste avait compté que l'acteur ne se souviendrait plus, au feu de la rampe, que des indications de l'auteur ; mais le père Guichard, précisément à cause des articulations comiques d'un rôle morcelé syllabe par syllabe, recueillit des applaudissements, sur lesquels Eugène Scribe n'avait nullement compté. La toile allait descendre sur un succès déjà complet, lorsque Bernard-Léon s'avança pour chanter son octave révolutionnaire. Mercadier, gascon et souffleur, sortait à mi-corps de son trou pour lui dire, avec son accent méridional, que le manuscrit était muet à l'endroit du vaudeville final, et, pour lui rappeler les règlements : — Né chaintez paz, lui criait-il. — Comment ne p...as chan...ter, répondit le bonhomme Guichard en s'adressant aux spectateurs. Mes...sieurs, par...don, mais l'au...teur s'y op...pose... Alors tout le public de rire et d'applaudir, en réclamant le couplet prohibé ! Bernard-Léon, à la grande inquiétude de l'auteur et du directeur, chanta ceci sur l'air de la *Poupée :*

> On... m'a vu... dans,.. mes jeunes ans
> Faire ma cour aux... demoiselles,
> Et... j'enflammais tou...tes les belles ;
> Je ne suis plus dans mon... printemps,
> Je ne trou...ve que des cru....elles *(bis).*
> Par....fois j'offre.... encor mon encens ;
> Mais mon atten...te est bien trom...pée :
> Pauvre Guichard ! ah !... l'heureux temps
>   Où tu jouais à la pou ..pée,
>   Où tu jouais à la pou...pée...
>   A la pou...pée !

— *Bis, bis!* demanda toute la salle.

Le directeur, après la pièce, offrit une gratification au comédien pour jouer le rôle plus de trois fois, et le couplet, chaque soir, couronna l'œuvre ; seulement il n'est pas imprimé dans les œuvres complètes de Scribe.

CHAUVRY

CHAUVRY

Depuis que l'égalité est proclamée en France, elle n'a cours que devant la loi pour les droits et devoirs du citoyen, et que devant l'impôt pour les immeubles, prime étant faite plus que jamais par tout titre de noblesse et tout château. Si les titres qu'on préfère sont ceux de propriété, on s'en sert encore mieux que d'un titre tout nu, pour se dire de bonne maison. La terre est encore noble, malgré l'abolition des fiefs, en ce sens que le plus grand bois ou le plus petit champ, un château ou une cabane, bien acquis, vous feront encore plus d'honneur que le prix relatif qui vous en serait donné. Qu'il s'agisse d'un particulier, d'une famille, d'un hôtel, d'un hameau ou d'une ville, mieux vaut s'appeler Montmorency que Chauvry ; mais il ne faudrait pas prendre Chauvry pour un cadet de famille sans feu ni lieu.

Odon de Chauvry, s'il vous plaît, était chevalier. Comme lui se sont fait connaître par des donations locales, antérieurement au siècle XIIIe : Jean de Chauvry, époux de Laurence et frère de Raoul ; Gautier de Chauvry, Simon de Chauvry, Pierre de Chauvry, Renaud de Musavène et Odon de Chauvry, frère de Radulphe. Burchard léguait 100 sols, vers l'an 1237, à une léproserie située à Chauvry, qui tenait à une terre donnée par un seigneur du lieu aux religieux du Val. Le roi avait alors des bois sur cette paroisse. Le douaire de Périnette de Villiers, femme de Charles de Montmorency, était assis sur les étangs de Chauvry, au siècle suivant, et le prieuré de Conflans-Sainte-Honorine devait aux bontés de Pierre Pilate une terre au même endroit.

La seigneurie de Chauvry était abandonnée, le 12 septembre 1398, par Jacques de Montmorency à sa sœur Denise, pour une portion de ce qui lui revenait dans les successions de ses père, frères et sœurs. Lancelot Turpin, sieur de Bihem et de Montrauvau, chevalier, épousait dans la même journée Denise de Montmorency. Le frère d'icelle s'était réservé les droits de haute-justice, moyenne-justice et grurie sur les 546 arpens de bois qui composaient le domaine seigneurial auquel restaient attachés des droits de cens, mairie, basse-justice et autres. Antoine Turpin, seigneur de Crissé, tint de ladite dame, sa mère, la terre de Chauvry, qu'il laissa à son fils Jacques, uni le 20 février 1490 à Louise de Blanchefort.

Jean de Ganay, chancelier de France, acheta de la veuve de Jacques, dont les enfants étaient encore mineurs. Germain de Ganay, évêque de Cahors, hérita des biens de son frère, le chancelier; toutefois Jeanne de Boislève, veuve de ce dernier, demeura dame de Chauvry, et bientôt Nicole de Boislève, frère de Jeanne, prit sa place : il s'était marié à Catherine Olivier. Jean de Boislève, fils et successeur du précédent, incorpora à son domaine quelque peu du fief de Morangle, hérité de sa sœur Madeleine, femme d'André Baudry, conseiller au parlement de Paris. Du temps de ce Boislève, en 1547, l'église du village fut dédiée à la Sainte-Vierge et à saint Nicolas. Que ne devait pas cette église à la générosité de Thomas

Clouet, chanoine de Montmorency, qui était né à Bessancourt! Le 8 juillet 1549 cessa de vivre ce chanoine.

Jeanne de Boislève vint après Jean, son père ; elle donna à son mari, Roger de Vaudetard, deux enfants, qui s'appelaient Louis et Jeanne. Celle-ci devint l'épouse de Réné Thomassin, seigneur de Montmartin et du fief de Montauglan ; elle devint aussi dame de Persan, mais demeura en possession de la seigneurie de Chauvry, après en avoir partagé les bois avec son frère, le 21 février 1595. Pour ceux qu'elle gardait, en haute et basse forêt de Montmorency, il fut renouvelé un bail consenti antérieurement au profit de Denis de Sailly, et qui devait comprendre de nouvelles dépendances du fief Morangle, que son mari avait acquises de Jean le Picart. Ledit vendeur était sieur de Grégy ; il avait donné à bail en 1573, puis quatre années après, une ferme à Chauvry, propriété de sa femme, Eléonore Copelle.

François Daverton remplaçait sa belle-mère Jeanne, et il avait Jean Perrot pour fermier, lorsque Gabriel Cotignon, secrétaire des commandements de la reine-régente Marie de Médicis, se mit en lieu et place dudit propriétaire, par voie d'échange, après avoir acheté du connétable Henri de Montmorency deux étangs et une oseraie contigus : la terre de Chauvry englobait de plus en plus les fiefs qui l'entouraient. Nicolas Cotignon, premier président en la cour des monnaies, succéda à Gabriel, son père, se rendit acquéreur d'un pré dit l'Enfer, qui appartenait à l'église de Chauvry, et donna en location à Jean Bacquet, bourgeois de Paris, la terre, plus un fief et 102 arpens, 57 perches de bois. La veuve de Nicolas ne fut dame de Chauvry qu'en attendant la majorité de son fils Joseph-Antoine, et il n'atteignait pas plus tôt cet âge que les D^{lles} Catherine et Jeanne Duquesnel, filles majeures, lui donnaient le fief du Petit-Gournay, sans compter qu'il se qualifia seigneur du Breuil. Sa fille apporta en dot le Petit-Gournay et Chauvry au Cte de Beuil, lieutenant-général, d'autre part seigneur de La Roche, et plus tard elle fit inscrire sur le marbre noir d'une tombe, creusée dans le chœur de l'église, l'épitaphe de sa mère : *Suzanne-Eléonore de Mailly de La Tour-Landry, morte à Chauvry le 6 novembre 1724, veuve de Jacques-Antoine Cotignon, chevalier, seigneur de Chauvry, du Breuil, décédé le 24 avril 1722.*

Le Cte de Rochechouart était déjà du temps des Cotignon co-propriétaire de bois à l'état indivis avec le seigneur de Chauvry, et cette indivision, qui pouvait remonter au partage fait entre Louis et Jeanne de Vaudetard sous le règne de Henri IV, se maintint du temps de la C^{sse} de Beuil et de ses successeurs : telle fut sans doute l'origine des droits de propriété de la famille Rochechouart, à notre époque, dans la forêt de Montmorency. M. de Beuil affermait au laboureur Louis Hébert, en 1732, deux fermes à Chauvry, l'une entre l'église et le presbytère, l'autre devant le château, plus des droits de cens, de lods et ventes. Le fermier avait à payer annuellement :

6,500 livres, plus 6 douzaines de bons pigeonneaux, à la C^{sse} de Beuil.
5 setiers et une mine de blé au sieur prieur de Bois-Saint-Père.
30 livres au prévôt de Chauvry.
25 livres au garde du bois.
100 livres pour fondation de messes.
20 livres au maître-d'école.
45 livres à la fabrique.
Aux feuillans du Val-Notre-Dame, pour le moulin, une rente de grains évaluée 9 livres.

Au nommé Blin, maître couvreur, chargé de l'entretien
des couvertures desdites fermes et dépendances,
120 livres pour cet entretien.
16 journées de voiture.

Au nombre des héritiers et légataires de la C^{sse} de Beuil figuraient des Brancas (or M. de Lauraguais, seigneur de Baillet, en était un) et une fille majeure, Mlle Clausse, à titre de légataire universelle; mais l'adjudicataire en 1740 d'une partie des biens qui nous intéressent, M. Faucon de Ris, Cte de Charleval, avait hérité de l'autre partie dans ladite succession. Louis Hébert resta le fermier de ce nouveau seigneur, qui vendit en 1743 à M. Durand de Beauval. Ce dernier eut pour acquéreur, le 19 avril 1749, M. de la Massais, qui ajouta encore des dépendances à la terre seigneuriale, déjà grossie des fiefs de Morangle, Montauglan, Jean-Jouel, de la Cour, Sausseron, de la Maison-Blanche, de la Croisade et du Petit-Gournay. M. Amproux, Cte de la Massais, était maréchal-de-camp. Une seule de ses fermes, celle qui séparait l'église du presbytère, lui rapportait 5,500 livres, 2 douzaines de poulets depuis Pâques jusqu'à la Saint-Rémy, 12 chapons gras à Noël, 12 douzaines de pigeonneaux, plus 2 charrois à quatre chevaux. Le fermier devait, en outre, au fermier du Bois-Saint-Père ses 3 setiers et sa mine de blé; il s'était obligé à payer les cens et rentes qui pouvaient grever la terre de Chauvry, et il avait à nourrir lui-même, quand le seigneur n'était pas en son château, les officiers de la justice venant tenir audience à Chauvry. Aux terres, prés et jardins dont il avait la jouissance, s'ajoutaient les bois taillis indivis avec M. de Rochechouart. Le maréchal-de-camp mourut en laissant la C^{sse} de la Massais, née Anne-Catherine Douet, créancière de sa succession et légataire de l'usufruit viager de la terre d'Aulnay. Elle rachetait de ladite succession, le 30 mars 1765, toutes celles des propriétés de son mari qui tenaient à Chauvry, féodalement ou topographiquement parlant, savoir :

Le château principal et son parc de 26 arpens ; 2 fermes, 420 arpens de terre labourable ; 105 de pré, 108 de bois taillis, en haute et basse forêt d'Enghien, à prendre dans ce qui appartient par indivis au seigneur de Chauvry et au Cte de Rochechouart ; un moulin et deux étangs ; le bois Frileuse, mesurant 5 arpens au bas de la forêt ; Petit-Aulnay, dit bois des Aulnes, même contenance ; 31 arpens de diverses natures de terrain, acquis séparément par M. de Beauval ; la terre et seigneurie du Petit-Gournay qui, avec sa contenance d'environ 150 arpens et ses deux maisons seigneuriales, se décomposait en trois fiefs : le Petit-Gournay proprement dit, relevant du duché d'Enghien, le fief Coquelet, relevant de la seigneurie de Baillet, et le Petit-Fayelle, relevant de la seigneurie de Chauvry, à cause du fief de la Cour ; plus des pièces de terre en assez grand nombre, achetées par M. de la Massais, et elles étaient placées sous la suzeraineté du prince de Condé, à cause de son duché d'Enghien-Montmorency et à cause de son fief du Colombier, assis à Chaumontel, excepté 7 arpens de terre acquis du sieur Valliet, en la censive de MM. de Brancas, à cause de leur terre de Baillet, excepté aussi les pièces ressortissant à des censives inconnues ; plus des droits de cens et rentes seigneuriales ; enfin moyenne et basse-justice sur les terres, fiefs et seigneuries de Chauvry et du Petit-Gournay, s'étendant à Chauvry, Bèthemont, Monsoult, Villiers-Adam, Fayelle, Enghien et l'Isle-Adam.

Donc, l'histoire de la seigneurie est longue comme l'évangile du dimanche des Rameaux. Mais avons-nous tout dit des fiefs ? Ne passons-nous pas sous silence absolument celui de Mons ? C'est Nicolas ou Gabriel Cotignon qui avait enrôlé dans la seigneurie les fiefs de la Maison-Blanche, de Sausseron et de la Cour ; mais les deux maisons avaient appartenu, sous Louis XII, à Geoffroy de Longueil. Cet avocat les avait donnés à son gendre, comme il les avait reçus de Guillaume de Longueil, écuyer, avec un grand hôtel pour siége féodal, devant lequel aussi des vassaux prêtaient serment de fidélité. Guillaume Sanguin, chanoine du roi, avait acheté les trois fiefs, en l'an 1415, de Jean Poly, chevalier, seigneur de la Bosse. Gaultier Sausseron, marchand bourgeois, en avait passé reconnaissance au Bon de Montmorency trente ans plus tôt; mais il avait commencé par le faire au nom et par procuration de Geoffroy de l'Eschelle, sieur de Ballehau et du Chastelier, qui était propriétaire du chef de Béatrix, sa femme.

Le bruit court que M. de Boitrac occupa le château de Chauvry, sous Louis XV ou sous Louis XVI; seulement il dût être le locataire des La Massais plutôt que leur prédécesseur. L'émigration seule sépara de ses richesses territoriales la C^{sse} de la Massais, qui n'avait rien prévu de la Révolution. Des eaux, dont la commune donne encore la jouissance publique à ses 350 habitants, sont un présent de cette châtelaine.

Il paraît aussi qu'au milieu du xviiie siècle, Jacques-François Chevalier, qui était chevalier et qui demeurait à Paris, rue de Mezières, à l'angle de la rue du Gindre, portait encore le titre de seigneur de Vaudetard.

De l'ancien château il ne reste que l'entrée et des dépendances à M. Émile Brincard, propriétaire qui succède là à M. Bleschamp. Une ferme dans le pays appartient également à la famille Brincard, et n'est-ce pas précisément la ferme dont les donjons et la grande cour se remarquent aussi près de l'église?

Le territoire de Chauvry comprend encore le Clos-Montmorency, et ledit bien dépend de la ferme de Montubois.

Toutefois celle-ci en est plus éloignée que la ferme de Montauglan, ancien chef-lieu du fief de ce nom, sise dans la circonscription communale de Béthemont.

Le dernier prince de Condé a fait paver une jolie route de chasse, menant de Baillet, par Chauvry, à la forêt de Montmorency. Ce n'est pas la direction que les Romains avaient suivie pour aller de Baillet, alors qu'un camp de César y était établi, à Montmagny ou bien à Taverny.

Fin de la Notice sur Chauvry
et du premier volume du TOUR DE LA VALLÉE.

TABLE

DES MATIÈRES CONTENUES DANS LE PREMIER VOLUME

du

TOUR DE LA VALLÉE.

	Pages.
De Paris à Montmorency.	5
MONTMORENCY :	
Les sires de Montmorency.	19
Armes des Montmorencys.	31
Les Fiefs.	31
Jean le Laboureur.	34
Chronique religieuse.	36
Les Condés.	52
Le Château.	54
Jean-Jacques Rousseau.	64
Robespierre.	77
Grétry.	78
La ville.	91
Les Champeaux.	104
Le Cheval-Blanc.	107
DEUIL.	115
ÉPINAY-SUR-SEINE.	151
MONTMAGNY.	175
GROSLAY.	181
SAINT-BRICE.	199
PISCOP.	213
DOMONT.	227
BOUFFÉMONT.	245
CHAUVRY.	253

Fontainebleau. — Imp. E. Bourges.

www.ingramcontent.com/pod-product-compliance
Lightning Source LLC
Chambersburg PA
CBHW070616170426
43200CB00010B/1802